もっと！週末海外

気軽に旅して
パワーチャージ

小林 希

ワニブックス

はじめに

「やっと旅に出られる！」、そんな今こそ、やりたいことを一つだけ決めて週末海外へ！

２０２３年の夏頃から、コロナ禍を乗り越えて、自由に旅ができる喜びと尊さを噛みしめた人も多いのでは。同時に、コロナ禍の数年間を境にして、世界は大きく変わりました。たとえば非接触が求められて、オンラインチェックインなどのペーパーレス化や人を介さない注文、キャッシュレス決済など、一気にデジタル化（ＤＸ）が進みました。Wi-Fi環境もどんどん整備されつつあります。海外の街でも、同様の進化が起こっているはずです。

さらにリモートワークが定着した会社も多く、どこからでも仕事ができる時代に。以前よりもずっと旅しやすい世の中になっているのかもしれません。それでも、週末海外旅行は「いつも頑張る自分へのご褒美」という特別感があると思います。

一方で、円安や物価高騰という状況に直面して、「しばらく海外旅行は控えよう」と思うことも。旅は楽しめなければもっ

たいないので、無理して計画したくはありません。賢く、気楽な気持ちで旅がしたい！　そこで、週末でも直行便が多く、手頃な価格で行けるアジアの街を中心に旅を計画。特にＬＣＣが就航している街は、お財布に優しくありがたい。

あるいは、有休を取って４～５日旅行へ行けるなら、思い切ってヨーロッパや中南米の街までチケットを取ってしまうのもアリ。近年の世界情勢を思えば、「行けるときに行く」ことも大事だと思うからです。

「まだ海外はちょっと」と思う方もいるでしょう。そこで、番外編として日本の〝国境の島〟を取り上げました。ロシア、韓国、台湾、南洋諸島との国境に位置する島ならではの深い歴史や日本ではないような雰囲気は、海外旅行のような発見と感動があると思います。

旅先の空気、風、湿度、におい、人のざわめき、笑顔。行かなければ出会えない一つひとつの〝リアル〟は、人生を豊かにしてくれるはず。もちろん、「あれもこれも」と計画すると疲れてしまうので、「この街ではこれだけする」と決めて、肩の力を抜いて行きましょう。本書では、私のおすすめの「これだけする」をご紹介しますので、少しでも参考になれば幸いです。

サマルカンドのグーリ・アミール廟へ。ティムール朝建国者・ティムールとその家族の霊廟です。

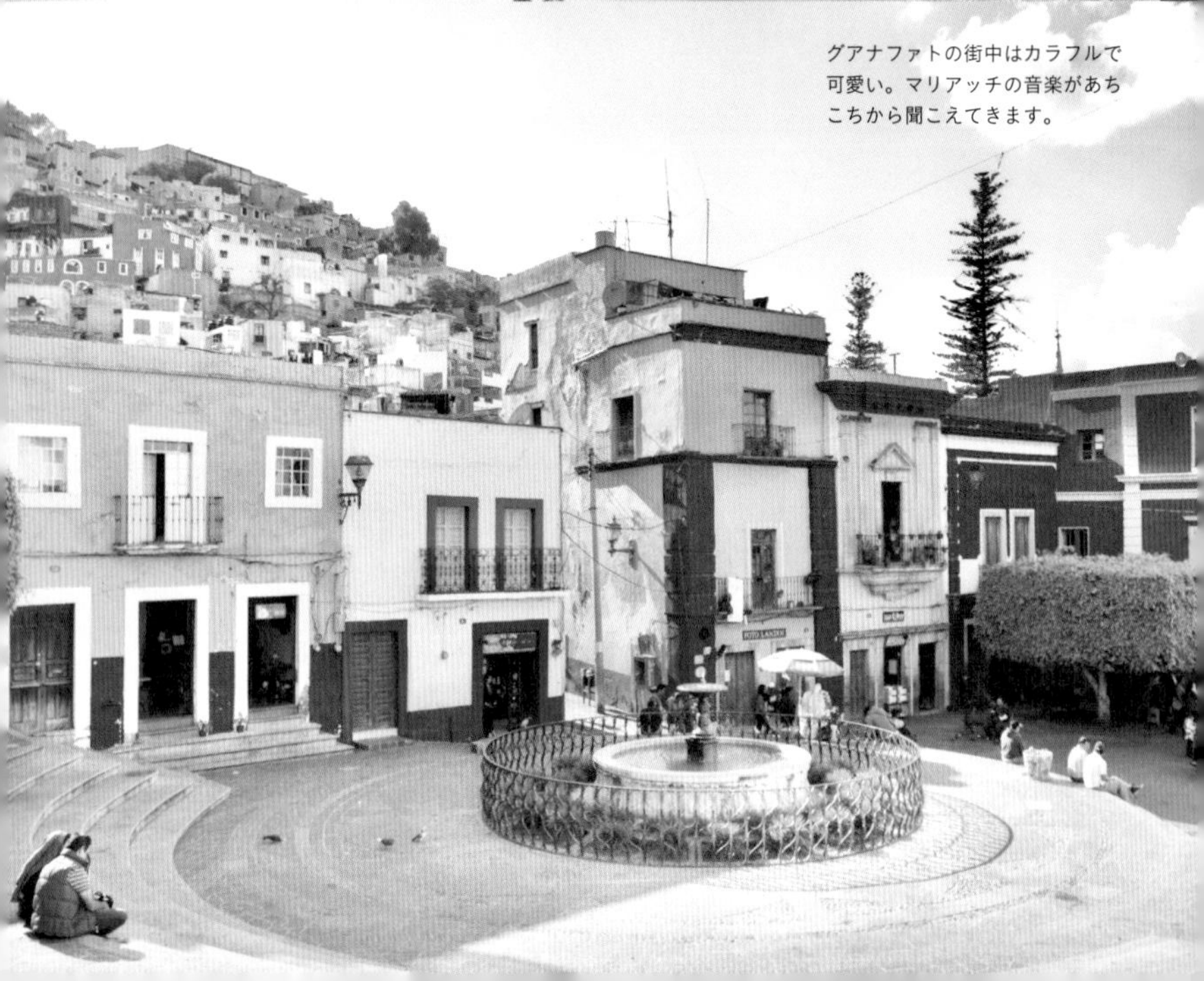
グアナファトの街中はカラフルで可愛い。マリアッチの音楽があちこちから聞こえてきます。

ルーマニアの列車旅はシナイアで下車。標高が高いので夏は涼しく、冬はスキーが人気。

ブルネイの水上集落には猫がたくさん！　一緒にのんびりと過ごしました。

ホーチミンでトランジット時間を使って、空港からピンク教会ことタンディン教会へ。

ダラットのコーヒー農園でジャコウネコに出会えました。しかし、日差しの強いこと！

タイのナコーンパトムにある森のガーデンカフェ。骨董品が所狭しと置かれていました。

が手がけた
ダラットの摩訶不思議なクレイジーハウスを満喫！

夜にライトアップされた鶯歌の街並み。煉瓦造りの建物がノスタルジック！

もっと！週末行ける世界地図

ようやく旅に出られるようになった今こそ、最高の非日常を。
週末や連休の2、3日でアジアや南洋へ、
休みを取って4、5日でヨーロッパや中米、南米までも。

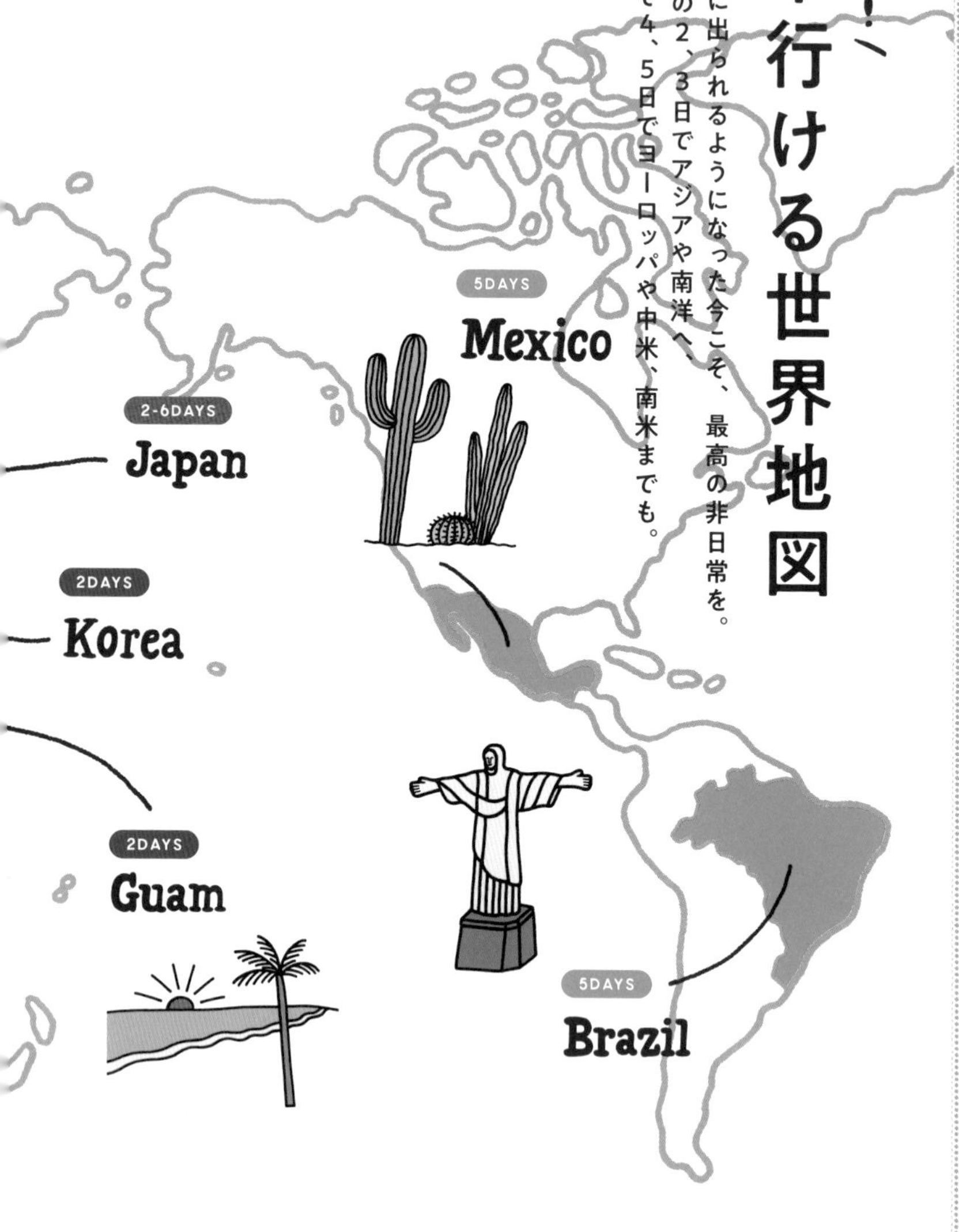

4DAYS
Czechia
5DAYS
Romania
2DAYS
China
4DAYS
France
2DAYS
Taiwan
3DAYS 4DAYS
Uzbekistan
3DAYS
Vietnam
3DAYS
Brunei
5DAYS
Morocco
3DAYS
Thailand
3DAYS
Malaysia

2 DAYS

CONTENTS

2日で行く海外

3 DAYS

3連休で行く海外

4-5 DAYS

有休や長期休暇で行く海外

Welcome to TSUSHIMA
ようこそ対馬へ！

番外編

週末国境

国内で海外を感じる

旅は行けるときに
行きましょう！
Let's travel！

週末海外旅の極意

限られた時間で満喫するために

僻地でなければ、
世界はデジタル化が進んでいます。
スマホを使いこなして、準備、現地での行動、
コミュニケーションなどを効率的に！

POINT 1

深夜発、早朝着のフライトで旅時間を確保

金曜の深夜に日本を出発する便（土曜の早朝に現地に到着）や、日曜の深夜に現地を出発する便（月曜の早朝に帰国）を利用すると、週末をまるごと旅できます。ただ往復便とも機内で睡眠することになるので体力が必要。行きだけ深夜発にするのもおすすめです。

POINT 2

旅する国のSIMカード／eSIMを買っておく

旅先に着いてすぐ、スマホ一つでインターネットが使えるよう、事前にネットサイトで購入しておくと便利。現地の空港で購入やレンタルできる街も多いですが、深夜は店が閉まっているので注意。近年はeSIM（SIMカードのデジタル版）も人気。対応デバイスを確認して購入を。

POINT 3

アプリ、QRコードチケットで時短を

フライトやホテルの予約、翻訳、マップなど、旅するときに便利なアプリを活用し、効率よく過ごして。観光施設や電車のチケットなども事前にオンラインで予約でき、メールでチケットとなるQRコードが送られてくるケースが増えています。

POINT 4

クレジットカードは2種類ほど持つ

日本よりキャッシュレス化が進んでいる街は多く、世界の主流はVISAとMasterCard。グアムはJCBが便利。海外旅行保険もクレジットカード付帯のものを利用すると楽ちん。現地のATMでキャッシュも引き出せます（※事前に手持ちのクレジットカードの利用条件を確認）。

POINT 5

行きたい場所は、Google Mapsにピン立て保存

事前に地図上の行きたい場所にピンを立てて保存しましょう。現地に着いたら、自分がいる場所からピンを立てた場所まで「経路」検索すれば、一発で行き方と所要時間がわかり、時間を有効的に使えます。公共交通機関を利用する際も便利。

POINT 6

異国情緒ある航空会社を選ぶ

タイにはタイ国際航空、グアムにはユナイテッド航空、メキシコにはアエロメヒコ航空など、現地の航空会社を選ぶと、CAさんの制服や機内食など到着前から旅先の雰囲気が味わえて、わくわくします！　現地に着く前からすでに海外旅行がスタート！

航空券・ホテルの手配

日本から世界各地への直行便も続々再開

2023年にコロナ禍が明けて、日本と世界各地を結ぶ空の便はどんどんと運航を再開しています。とはいえコロナ禍前とは路線や便数が大きく異なっていることもあるので、事前に必ずチェックしましょう。また世界情勢によって、以前より飛行時間が長くなっている路線もあります。

日本から直行便で行ける都市（本書で紹介している街に行く場合）

羽田空港（東京国際空港）	ソウル、台北、上海、バンコク、ホーチミンなど
成田国際空港	ソウル、釜山、台北、上海、グアム、バンコク、バンダルスリブガワン、ホーチミン、タシケントなど
中部国際空港	ソウル、釜山、台北、上海、ホーチミン、バンコク、グアムなど
関西国際空港	ソウル、釜山、上海、台北、グアム、バンコク、ホーチミンなど
福岡空港	ソウル、釜山、台北、上海、バンコク、ホーチミン、グアムなど
新千歳空港	ソウル、釜山、台北、上海、バンコクなど
那覇空港	ソウル、釜山、台北、上海、バンコクなど

成田国際空港へのアクセスは、1300円バスが便利

2020年より、東京駅（銀座駅、東雲車庫なども）～成田国際空港を運行するバスのTHEアクセス成田とTokyo Shuttleが一つになり、TYO-NRT（エアポートバス東京・成田）に。片道1300円。

TYO-NRT：https://tyo-nrt.com

比較検索サイト&アプリを使って、時短で予約、最低コストで行く

最適な航空券を探すには、SkyscannerやExpediaなど、航空券の比較検索サイト&アプリを使うと便利。地域、渡航日、フライト時間、航空会社など検索条件を絞って検索でき、LCCを含め、航空会社、旅行会社などウェブサイトから条件にあった結果が一覧で見られます。

ホテルは便利な予約サイト&アプリで

私がホテルの予約でよく使うのは、Bookig.comやExpedia、hotels.comといったホテルの検索サイト&アプリ。地域と日時を入力すれば、宿泊費順、口コミの評価順など絞って検索できます。私はレビュー点数が8前後以上から、予算にあうホテルを探していきます。また、お得さを求めるなら、「航空券＋宿」パックでの検索を。

バラバラで購入するよりもお得な料金設定になっています。最近はGoogle Mapsと連動していることが多く、map上に予約したホテルがでてくるのも便利。逆に、旅先で行きたい場所をGoogle Mapsで検索し、その後「ホテル」と検索するとその周辺のホテルが表示されるので、そこからロケーションの便利なホテルを調べる方法も。

LCCとは……

海外では一般的な交通手段として利用される、ローコストキャリア。乗るだけの運賃で、サービスは最低限。有料で機内食やブランケットの貸し出しなどもあります。日本と海外路線を就航しているLCCは、ジェットスター・ジャパン、ピーチ・アビエーション、春秋航空などがあります。

※LCCは台風などで遅延、欠航になった場合、自社便への振り替えか払い戻ししか対応しないので注意。
※荷物の重量制限があるので要確認。

Skyscanner

LCCを含めた航空会社、旅行会社など1200社以上のウェブサイトの中から条件にあったチケットを検索できます。

Booking.com

世界最大規模の旅行サイト&アプリ。旅のニーズに合った理想の部屋を検索・予約できます。口コミ数も多いので参考に。

Expedia

Booking.comより登録件数は少ないですが、Booking.comにはないホテルも押さえているので、両方を使いこなすのがおすすめ。また、グループ会社のhotels.comとあわせて、「トリッププランナー」（グループ旅行の旅行計画を円滑にする機能）と「AI回答機能」を含む複数の新機能が開始！

旅のおとも

旅行へ行くときは、パスポートのほかに何か忘れ物がないか不安になるもの。そこで、「必需品」と「あると便利な物」をご紹介。それ以外は、大抵のものは現地で購入可能です。荷物は最小限に、気軽に旅しましょう！

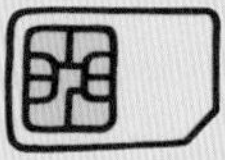

必需品

スマホ&SIMカード（eSIM）&スマホの充電器

ポケットWi-Fiでもいいですが、荷物はなるべくコンパクトに、スマホ一つで完結すると楽ちん。デジタル化が進む世界の街で、インターネット接続できる準備は必ずしておきましょう！

あると便利

スマホショルダー

旅先でもスマホを使う頻度はかなり多め。あらゆる情報が集結しているので、紛失や盗難対策に使うとよし。治安が不安な場所や、夜の移動ではスマホショルダーごと鞄に入れましょう。

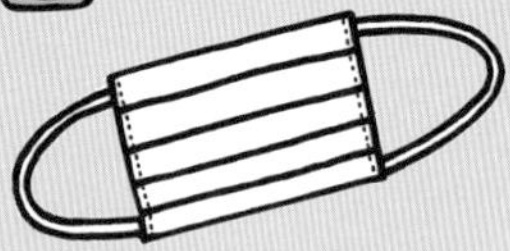

あると便利

マスク&保湿クリーム

飛行機の中や欧米は乾燥しがちなのでマスク着用がおすすめ。コロナ禍を経て海外でもマスクが浸透しましたが、日本から持っていく方が無難です。旅先でも買えますが、保湿クリームもあると便利。

あると便利

ミラーレス一眼カメラ

最近はスマホで驚くほど画質のよい写真が撮れますが、せっかくの海外旅行なので、高画質のミラーレス一眼レフカメラで撮影するのがおすすめ！　Wi-Fi機能があれば、SNSにもすぐアップできます。

日焼け止め／カイロ／薬

世界のどこにいても紫外線は強敵。さらに暑い地域には帽子や折り畳みの日傘などを持参し、熱中症対策もしっかりと。日焼け止めは日本製が圧倒的に質と性能がよし。寒い地域に行くなら、海外ではレアなカイロも必携。船に乗る場合は酔い止め薬も忘れずに。体調管理に必要な物は忘れないように準備しましょう。

プリントした Eチケットや QRコード

事前にオンライン予約した飛行機のEチケットや美術館や電車のチケット（QRコード）などは、スマホで提示できれば大丈夫ですが、スマホの紛失や電池切れなどを想定して、念のためプリントして持っておくと安心です。

ビーチサンダル

かさばるアイテムですが、海外のホテルはスリッパがない部屋も多く、あると超便利。小笠原へ行く船の中で、シャワールームを利用するときにも重宝しました。また、雨季のスコール対策としても、すぐに乾くのでおすすめ。

環境に優しい旅を意識！

エコバッグ

旅先で買い物してもビニール袋は貰わず、エコバッグを持参するようにしています。各地でエコバッグの土産も増えているので、買って使えば一石二鳥！

歯ブラシ

最近は宿泊先にある使い捨て歯ブラシではなく、なるべくトラベル用の自前の歯ブラシを使うようにしています。

「これだけする！」と、スケジュールはゆるく、気楽に

いつの頃からか、「美術館でこの絵を見る」「これを食べる」というように、最低限の目的を決めて旅するようになりました。そう割り切ると、精神的に気楽です。なにより余った時間で、ゆっくりと街を歩き、猫カフェを見つけたり、洋服屋さんで試着したり。余白時間の中で、自分らしい旅の物語が紡がれていくのを感じます。とはいえ、私も以前はあれやこれやと旅程を詰め込んでいました。結果、準備に追われ、旅先ではバタバタ、帰国後にはぐったり。その旅はあまり記憶に残っていません。そうして旅先では、「したいこと」を一つ決めるようになったのです。

本書の使い方

押さえておきたい所を紹介

私が実際に旅した街で、友人に勧めるならこれ！　というものや場所を紹介。

街の情報をチェック

街の概要や印象的なエピソードです。時差やフライト時間も確認！

所要時間　時差　通貨　言語

※フライト時間は、東京の空港（羽田・成田）発の場合です。時間は最短の所要時間を記載しています。

2日で行く海外

2
DAYS

日本から飛行機で2～4時間で行けるご近所の国々へ。どこかノスタルジックで、居心地のよさを感じられる街が多くあります。

2 DAYS

CITY / AREA

台北

TPI

／

台湾

見て、買って、
猫と遊ぶ！
食べるだけじゃない
台湾の首都

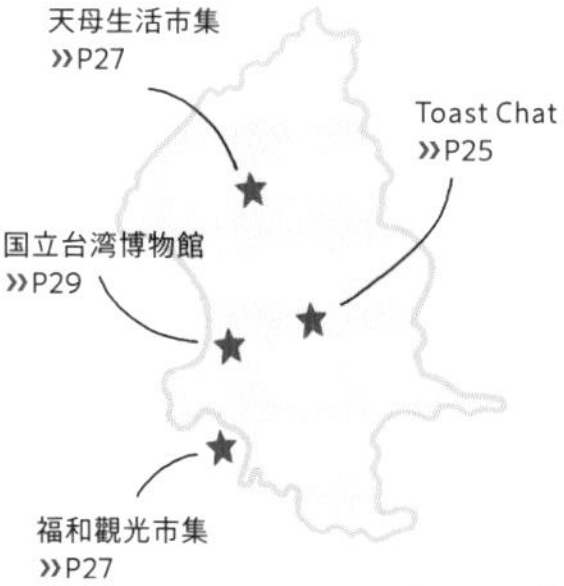

Taipei

DATA

3時間半

－1時間

台湾ドル
(1TWD＝約4.6円)

中国語

日本と縁があり、どこか懐かしい雰囲気に浸れる台北。人気の屋台などで食べられる、美味しいご飯を楽しみに行く観光客も多いでしょう。でも台北を旅すれば、屋台巡りばかりでなく、魅力的な場所が多いことに驚くはずです。「地元の人はどう楽しんでいるのかしら？」と、台北の日常に一歩深く踏み込んでみると、それはそれは、心躍るような過ごし方ができることに

気づきます。たとえば、親猫の国にあって猫カフェの発祥地でもある台北で猫と戯れたり、週末にはほぼ地元の人で溢れかえるフリーマーケットで骨董品を探したり。また、歴史ある建造物も外観を見るだけではもったいない！　中に入ると驚きの世界が広がっているなんてことも。地元の人たちに倣って、台北をとことん楽しんでみませんか？

台北の日常に！

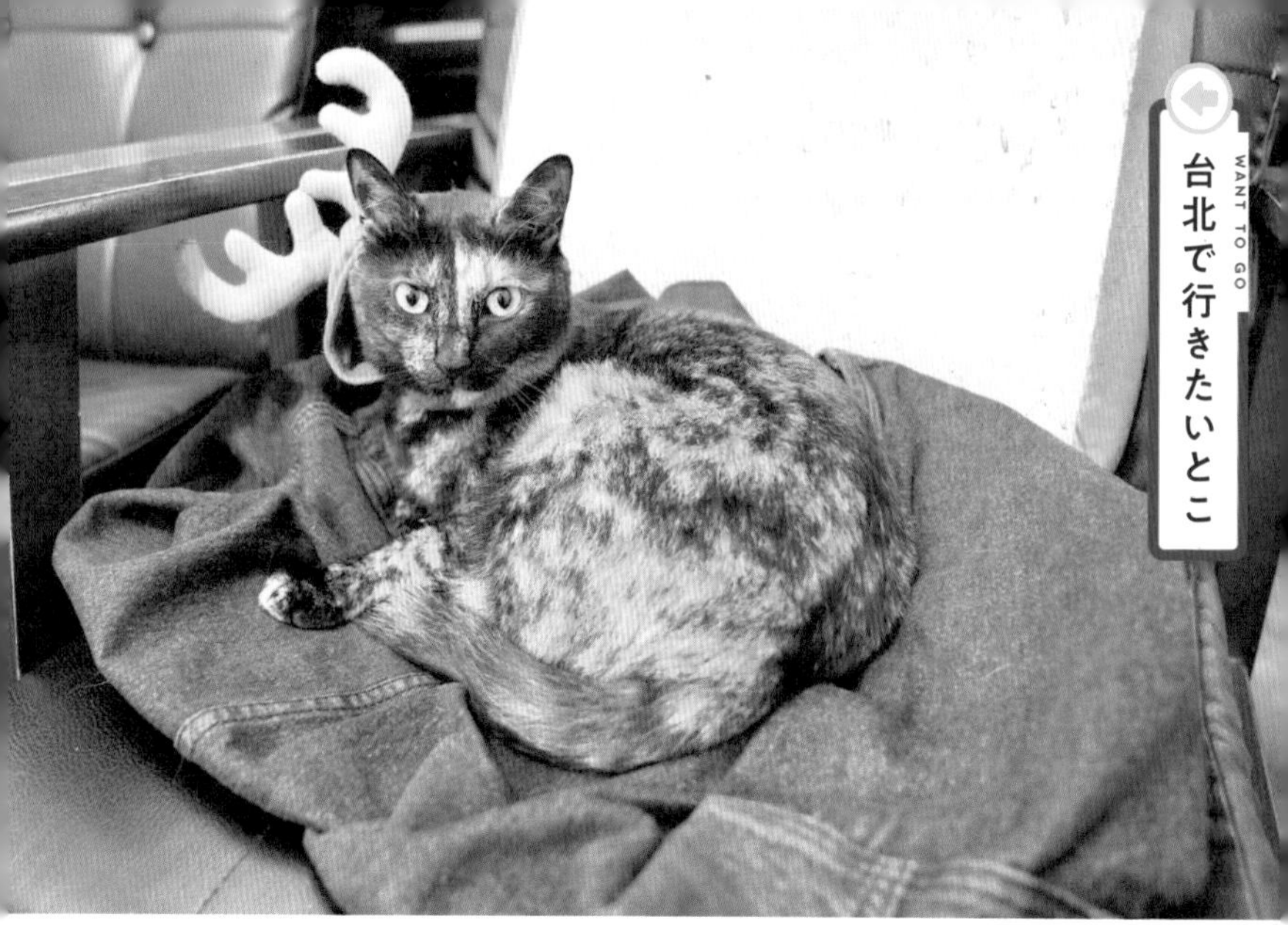

可愛い猫たちと一緒に過ごしてカフェタイムを満喫！

台湾には猫が大好きな人たちが多くいるようで、日本でもお馴染みの猫カフェは、1998年にオープンした台北の**猫花園**《マオホアユエン》が発祥だといわれています。その後も個性的な猫カフェが増え続け、地元の人だけでなく観光客にも人気があるそう。

台北市内の國父紀念館駅《グォーホゥジィエングアンヂャン》から歩いて5分ほどの静かな通りにある、**Toast Chat**というさわやかな雰囲気の猫カフェ。2013年にオープンした軽食とスイーツが美味しいカフェで、猫がメインというよりは、カフェタイムを楽しみながら傍らで猫たちがのんびり過ごしているという空間です。私もさっそく席につき、フレンチトーストを注文。待っている間、サビ猫やミケ猫など、店内にいる5匹の猫たちと遊んで過ごしました。驚いたことに、自分の飼っている猫を連れてきて、店内で遊ばせながら女子会をしている人たちも。

猫はみな保護猫だそうで、スタッフやお客さんに可愛がられているため、おっとりしていて人懐こい。スタッフがご飯やおやつをあげると、わっと一同が集まってきて、猫カフェらしい一面も見せてくれます。猫好きさんにおすすめのカフェです。

Cute

猫好きさんには
たまらない！

マイペースな保護猫たち

店内を自由に動き回り、悠々自適に暮らしている5匹は、よーく見ていると性格が違って面白い。気さくなスタッフの方に話を聞くと、スタッフもみんな猫好きだとか。店内には猫の写真が飾られていたり、古着や雑貨などが売られていたりします。猫たちの写真は自由に撮っても大丈夫。

スイーツとコーヒー、猫で癒やし

注文したアップルフレンチトーストは、ボリューミーで甘くて、街歩きの疲れが取れました。店内にWi-Fiあり。また、店内ルールもあります。特に、猫をむやみに抱っこしたり、眠っている猫の邪魔をしたりしないなど、猫と触れ合う際のルールは要確認。

Toast Chat
台北市大安區光復南路290巷58號
02-27215661
営 12：00～22：00
休 水曜

一期一会の出会いを求めて 台北屈指の週末蚤の市へ行く

台北の人たちが大好きな週末の蚤の市で、地元の人におすすめされたのが**福和觀光市集**。台北駅からタクシーで20分ほどのやや郊外にある、規模の大きな蚤の市です。朝早くから開かれ、到着した9時頃にはすでにたくさんの人が。ほとんどが地元客でした。

出店者は地面に敷物を広げて、アンティークの食器類や置物、インテリア、翡翠のアクセサリーなどを個性が光る並べ方で陳列しています。ほかにも農具や家電製品、古着、昔の雑誌など、独特な品々が売られていて、見てまわるだけでも楽しい。

値段は交渉次第でうんと安くなったり、なかなか安くならなかったりと、駆け引きするのも楽しいひととき。私は、30〜50年前のものだと言われた急須が気になって、お店のおじさんに交渉すると、1500元が800元になりました。一期一会の掘り出し物を見つけて、嬉しいかぎり。どれもが古く、妙に懐かしいと感じるものばかりですが、これぞ台湾の人たちが〝共に暮らしてきたものたち〟なのだと思うと、じわりと味わい深いものに感じられます。

WOW!

お気に入りの
一点を探して

福和観光市集

新北市永和區福和橋
02 2876 1189
6：00頃〜お昼頃まで（土日）
※雨天中止

ノスタルジックな光景に心躍る

アンティークの陶器の置物や花瓶、懐かしい家電など、見ているだけでも「うわー！」と楽しくなる品々と出会える。出店者とのふれあいも、蚤の市の醍醐味。気に入ったものがあれば、せっかくなので値段交渉してみましょう。自分が思う金額にならなかったら、買わなくても問題ありません。

夕食後の散歩ついでに フリマへ

週末フリーマーケットとして、台北の北側郊外にある**天母《テンム》生活市集**もおすすめ。こちらは主に洋服や雑貨、茶器などがメインで、若い女性の出店者が目立ちます。古着や新品も含めて、センスよい掘り出し物が見つかるはず。週末21〜22時頃まで開いているのも嬉しい。台北駅からタクシーで25分ほど。

天母生活市集

台北市士林區天母西路中山北路七段
+886 2 2876 1189
16：00〜22：00（金曜）、9：00〜15：00／16：00〜22：00（土曜）、15：00〜21：00（日曜）
※雨天中止

美しい歴史的建造物の土地銀行展示館で恐竜の化石を見る

台湾には、日本統治時代の建造物が多く残っています。二二八和平公園の向かいにある、旧日本勧業銀行台北支店だった台湾博物館の分館・**土地銀行展示館**も、その一つ。当時の最新建築技術で建てられたルネッサンス様式の壮麗な建物で、日本の敗戦後には台湾土地銀行に引き継がれ、時を経て修復されました。

立派な外観だけでなく、内部の美しい天井レリーフや装飾も見事。日本の左官職人の修復技術を活用したそうです。さらに、この美しい空間で、大胆にも恐竜の化石を展示しているところが素敵。たとえば図書館や美術館などに使用する方が、雰囲気的には合いそうなのですが、ティラノサウルスなど巨大な恐竜はもちろん、台湾の自然や古生物の展示などが、意外にも建物と絶妙にマッチしています。地元家族はもちろん、観光客も家族連れで、美しい建物そのものと展示物を楽しんでいます。内部は広く、金融の歴史を展示・紹介するエリアも。当時ここで働いていた日本人も、まさか未来に、職場で恐竜が展示されることになろうとは思わなかったはず。かくも面白い歴史を辿った博物館へ、ぜひ足を運んでみてはいかがでしょう？

beautiful

見応えのある美しいレリーフ

旧日本勧業銀行は、みずほ銀行の前身。鉄筋コンクリートの重厚感ある西洋スタイルの建築は、その建築技術そのものに歴史的価値があるそうです。現在は市定古跡に指定されています。当時は主に開拓、土木、水利、農業資金の融資などがあり、不動産と拓殖金融の業務を行う唯一の銀行だったそうです。外観からは想像できない内観と展示物は、一見の価値あり。すぐ向かいにある台湾博物館もおすすめです。

Cool

国立台湾博物館（土地銀行展示館）
台北市中正區襄陽路25號
+886 2 2314 2699
営 9：30〜17：00
休 月曜

とことん恐竜の世界に浸れる時間

中には、恐竜の展示が眺められるカフェや土産物店もあります。土産物店では、世界各国から集められた恐竜グッズが売られており、見ていて楽しい。値段はそこそこしますが、つい欲しくなるものも。閉館時間が迫ると、わりと急かすようにスタッフの見回りが始まるので、余裕をもって来館を。

台湾指折りのノスタルジックな街と陶器の街を台北から日帰りトリップ

Yingge & Sanxia

2 | DAYS

CITY / AREA

鶯歌・三峡

／台湾

YNG・SNK

DATA

3時間半

－1時間

台湾ドル
(1TWD＝約4.6円)

中国語

台湾を旅すると多く見かける「○○老街《ラオジェ》」という街のなかにある一角。そこは、清朝時代か日本統治時代に造られた古い街を指すそうです。たしかに、日本人にはどこか懐かしく、ノスタルジックな街並みをしています。台北郊外にある陶器の街として知られる**鶯歌陶瓷老街《イングータオツーラオジェ》**や、赤煉瓦の街並みが美しい**三峡老街《サンシアラオジェ》**は、まさしく情緒があり旅情を誘います。

鉄道に乗り、台北からたった半時間ほどで着く近さも魅力的。郊外の豊かな自然に出迎えられ、古き良き時代の面影を残した街は歩くだけで心地よい。戦前、日本にも多くあったという赤煉瓦造りの街並みが、ふっと目に浮かんでくるようです。

ふらっと立ち寄ったお店で、自分好みの陶器を探すのも楽しい。台北郊外の九份ほど観光客もおらず、のんびりと、ゆっくり過ごせます。

WANT TO BUY
鶯歌で買いたいもの

台湾屈指の陶器の街で、自分好みの一点を見つける

台北郊外にある新北市《シンペイシ》の鶯歌《イングー》は、台湾屈指の陶芸・陶器の街。近隣で良質な土が採れることから陶窯業が根付き、日本統治時代の後になって急速に発展したそうです。膨大な種類の陶器類から自分好みの一点を見つけたいと、多くの観光客が訪れています。

台北市内の松山《ソンシャン》駅から縦貫線の鉄道に乗って、約30分で鶯歌駅に到着。駅の構内には巨大な陶器のオブジェが置いてあり、陶器の街である印象を強く受けます。レンガ色の可愛らしい駅を出ると、清涼な自然の空気が流れ、台北市内より一段と牧歌的に。

陶器のお店がずらりと並ぶ鶯歌陶瓷老街は、駅から歩いて10分ほど。メインストリートの重慶街は情緒を誘う石畳の道で、両側には個性的な店が軒を連ね、ゆっくり見ていけば日が暮れてしまいそう。台湾中の陶器があるのではと思えるほどの量が整然と並べられていたり、あるところは無秩序に置かれていたり。古風なものもあれば、洗練された斬新な形やデザインのものもあり、きっと自分好みの一点が見つかるはず。夕暮れの街並みは情緒を増し、旅情までもたっぷりと味わえました。

鶯歌陶瓷老街

新北市鶯歌区文化路、尖山埔路
02-26780202
営 10：00〜20：00（店による）
休 店による

ついたくさん
購入しちゃいました

芸術と伝統が光る美しい陶器

お茶文化の歴史が長い台湾らしく、どの店でも茶器が多く売られていました。茶器のコップは基本的に小さめですが、日本でも使えるような大きいカップのものもあり、またコップ単品で購入できるお店もあります。鶯歌陶瓷老街には窯元もあり、焼き物体験もできます。近年できた複合施設の**鶯歌光點**《イングァグヮンディエン》には、陶器はもちろん台湾の芸術作品がぎゅっと詰まっているので、ぜひ覗いてみてください。

1 台北市内ではなかなか見かけないデザインも
2 吹き抜けのホールが開放的な鶯歌光點

喝茶天teaday 茶家食堂

新北市鶯歌區重慶街62-1號B1
+886-2-26782782
営 10：50〜18：45

素敵な陶器に囲まれお茶タイム

鶯歌陶瓷老街の尖山埔路側から重慶街へ入ってすぐにある、おしゃれなカフェ兼陶器屋さんの**喝茶天teaday 茶家食堂**を訪れ、一つ300円ほどのカップをいくつか友人へのお土産に買いました。鶯歌陶瓷老街は、台北市内で陶器類を探すよりずっと種類が豊富、かつ値段もお手頃で嬉しい。台北の松山駅から鶯歌駅までは、鉄道でたった40台湾ドル。

pick up

三峡老街で、ただただノスタルジックな街並みを歩きたい

山と川に囲まれ、清朝時代から商業都市として栄えた三峡老街は、鶯歌からタクシーに乗ってわずか10分ほどの距離にあります。民権街という通りは、赤煉瓦のノスタルジックな長屋が260m続く街並みが美しく、ぶらぶらと歩くだけでも旅情に駆られます。アーチ型の回廊のような通路はバロック様式が取り入れられ、まるで西洋にいるような錯覚に。この古い赤煉瓦造りの街並みは、実は日本統治時代の面影を色濃く残しているものだそうです。当時、日本人が役所として使っていた**三峡歴史文物館**《サンシアリースーウェンウウグアン》を覗いてみると、瓦屋根がたしかに日本的。

現在、赤煉瓦の長屋には食堂や土産物屋、リノベーションされたおしゃれな雑貨屋さんなど、様々なお店が入っていて、一軒ずつ覗いてみると楽しい。私は三峡名物の金牛角麺包《ニョウジャオミエンバオ》を食べ歩いたり、この地域の特産品であるヒノキで作られた櫛を買ったり、フォトジェニックな夕暮れ時を待って撮影したり、のんびりと過ごしました。1991年に台湾の三級古跡に認定された三峡老街は、まだまだ観光客が少ない穴場。鶯歌陶瓷老街と合わせて、日帰りトリップがおすすめです。

日本統治時代の面影が残る

三峡河のすぐ近くにある三峡老街は、藍染やお茶も有名。軒先に掲げられた「藍」や「茶」の看板文字はレトロで印象的なので、ぜひ探してみて。三峡老街の赤煉瓦は日本から運ばれ、大正時代の建築を今に残しているといわれています。建物には、もともと何屋さんだったのかが刻まれていて、それを見るのも面白い。一方で中国様式のお寺もあります。通りは夕暮れとともに灯がついて、幽玄な雰囲気に変わっていきます。

三峡名物パンを食べ歩き

タクシーの運転手さんに「絶対に食べなよ！」と強くおすすめされたのは、三峡名物の金牛角麵包という台湾風クロワッサン。バターの香りが強く、日本人的には、ふんわりとしたクロワッサン形のバターロールパンという感じで、とっても美味しかったです。おすすめ！

三峡老街

🏠 新北市三峡区民権街37-147号
📞 +886 985 296 943
営 9：00〜20：00（店による）
休 なし（店による）

2 DAYS

CITY / AREA

釜山

PSN／韓国

日本に最も近い港町でアート と美容、食を巡る！

Busan

DATA

2時間

なし

ウォン
(1KRW＝約0.1円)

韓国語

韓国の首都ソウルに次ぐ第二の都市・釜山《プサン》は、日本の対馬島から約50㎞の距離にある港町。いにしえより、対馬藩と交易を行ってきた日本とも縁の深い街で、江戸時代には対馬藩５００人ほどが釜山の草梁倭館《チョリャンウェグァン》に駐在していました。

街中にはメトロやバスが走り、移動も楽ちん。若者や観光客に人気のある西面《ソミョン》は釜山の繁華街で、ショップや美容クリニック、おしゃれな田浦《チョンポ》

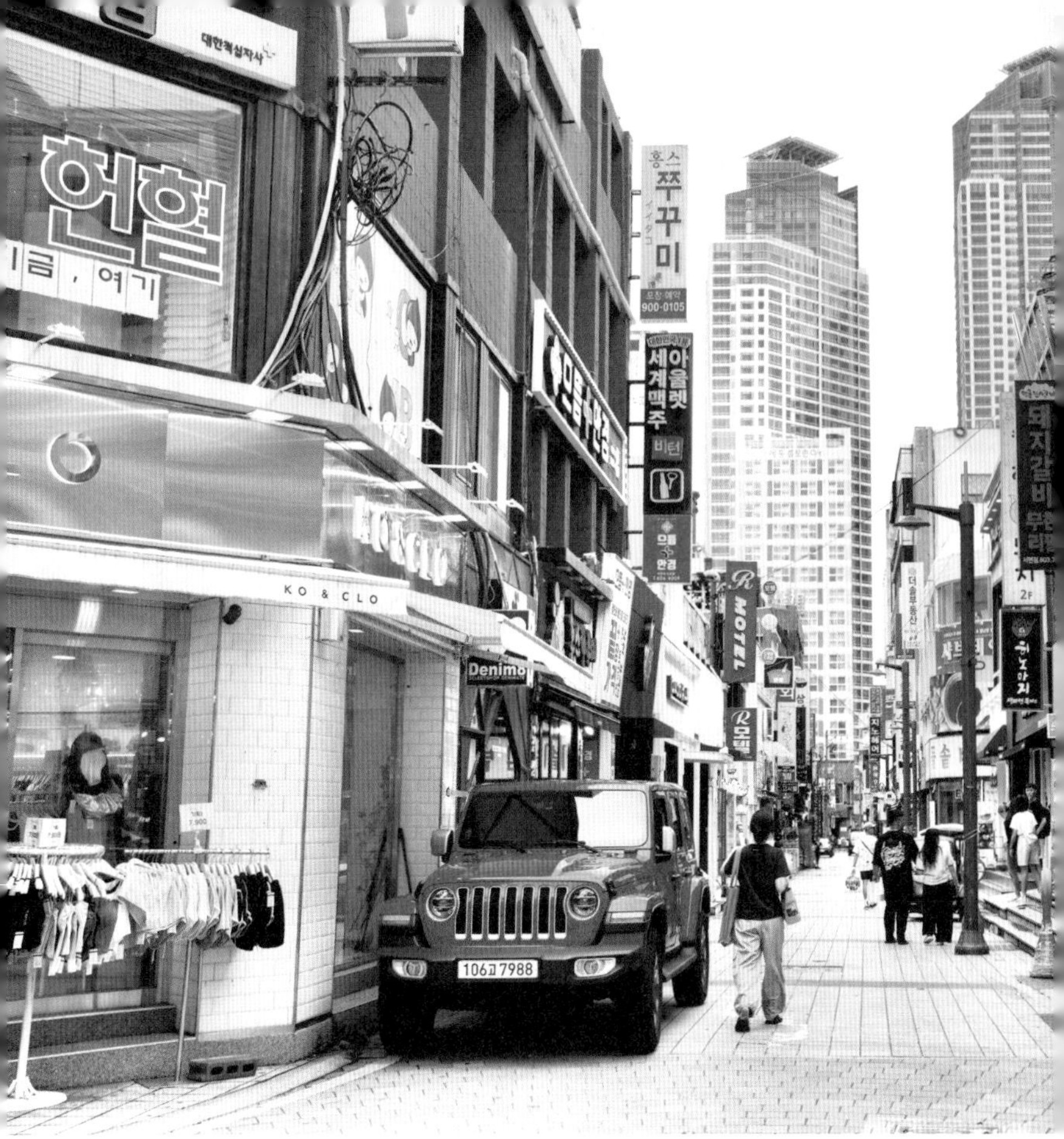

カフェ通り、釜山の郷土料理など、あらゆるものが集結した場所といえます。海に面した海雲台《ヘウンデ》は、白砂のビーチとそれを見下ろす高層ビル群やリゾートホテルが立ち並び、人で賑わいます。イギリスの会社が運営するアクアリウムも人気。近くにある世界最大規模の百貨店や釜山国際映画祭の専用施設「映画の殿堂」などが入っているセンタムシティもおすすめ。釜山は、エリアごとに様々な体験ができます。

WANT TO DO

釜山でやりたいこと

センタムシティでメディアアートとチムジルバンを体験する！

開発地というのは、その時代、その街の最先端の夢が詰まっているような気がして、個人的にも気になるエリアです。近年、釜山で最も注目を集めている新しいスポットが、海雲台にあるセンタムシティ。もともと軍事用の飛行場だった場所で、１９９６年に開発されました。その中心的存在が、世界最大の百貨店として２００９年にギネス世界記録に認定された**新世界百貨店**《シンセゲペックァジョム》**センタムシティ店**で、ショッピングや食事のほか、低温サウナを主体とした韓国版のスーパー銭湯・チムジルバンが体験できる**新世界スパランド**があります。天然温泉水を使った温泉エリアと低温サウナが10種類以上あり、館内で食事もできるので、一日中ゆっくりと滞在できます。

センタムシティには、２０２２年に**MUSEUM 1**という名称でリニューアルされたメディアアート専門の現代美術館もあり、国内外のアーティストによる映像やインスタレーション（芸術的空間）、写真など約１００点以上の作品が展示されています。館内の床や天井、壁には8千万個のＬＥＤが設置され、幻想的な世界を体感できます。

世界へ発信する芸術の街

MUSEUM 1で私が見た企画展「癒しの技術」は、アーティストによる環境や人生観、哲学といったメッセージ性のある作品が多くありました。MUSEUM 1の真向かいには、毎年秋に開催される釜山国際映画祭の舞台となる映画の殿堂があり、映画祭期間以外でも一般映画の上映などが行われているようです。建築も見応えがあるので、訪れてみては。

MUSEUM 1
🏠 釜山広域市海雲台区センタムソロ20
📞 +82-51-731-3302
営 10：00〜19：00（月〜金曜）、10：00〜20：00（土日祝）
休 なし

Cool

hot

新世界スパランド
🏠 釜山広域市海雲台区センタム南大路35、百貨店1F
📞 +82 51-745-2900
営 9：00〜20：00
休 不定休、正月、旧正月・秋夕の当日

韓国名物チムジルバンでひと汗流す!

入場料には、タオルや館内ルームウェアなども含まれています。水着不要の温泉は男女別ですが、10種類以上のサウナ＆チムジルバンエリアやカフェ、リラックスルームなどは男女一緒に楽しめるので、家族やカップルもたくさん。各チムジルバンは、ロマンルーム、ピラミッドルーム、黄土ルームなどテーマがあって飽きません！

新感覚のエンターテインメント水族館を楽しむ！

SEA LIFE BUSAN AQUARIUMは、釜山で最も人気のあるビーチの一つ、海雲台海水浴場のそばにあります。魚の展示とエンターテインメントが融合した新感覚水族館で、現在は世界有数のアトラクション会社であるイギリスのマリーナ・エンターテイメンツグループが運営。4000坪の施設に、99個の水槽と3500トンのメイン水槽、80mの海底トンネルがあり、250種類、最大3万5000点ほどの海洋生物が展示されています。

入館すると、海中へ潜っていくような感覚で地下へ降り、まずはジャングルを模した熱帯雨林地域の魚の展示からスタート。毎日行われる様々なショーも見応えがあり、タンクを背負った飼育員が大水槽に入って素手でサメに餌を与えるパフォーマンスや、人魚に扮した飼育員が魚と一緒に泳ぐといったパフォーマンスに、子どもたちも大はしゃぎ。

ほかにも、プロジェクションマッピングでデジタルペンギンと一緒に踊ったり、ビビッドカラーのライティング演出があったりと、日本語の解説はありませんが十分に楽しめます。

デジタルや照明の演出が楽しい

海洋環境問題を伝える展示や、別料金で海中のVR体験ができるエリアも。水族館のホームページでチケットを購入すると割引になる場合があります。また、ホテルや街にある情報誌などにもクーポンが付いていることがあるので、うまく活用すると安くなります。

great

SEA LIFE BUSAN AQUARIUM

- 釜山広域市海雲台区海雲台海岸路266
- 051-740-1700
- 営 10：00～19：00（月～金曜）
  10：00～20：00（土日）
- 休 なし

夏は人が押し寄せる人気のビーチ

海雲台駅から海の方へ500mほど目抜き通りを直進すると、ビーチがあります。ホテルや高層ビルなどがすぐそばに建つ、釜山らしい街並みが見られるエリアの一つです。目抜き通りには釜山名物のデジクッパ店や海鮮系の屋台が並ぶ**海雲台市場**《ヘウンデシジャン》もあり、食べ歩きする人たちの姿も見られます。海は遠浅なので、幅広い年代の観光客が訪れています。

釜山の繁華街・西面で美と食を楽しむ

「韓国人の肌は本当に綺麗！」と、韓国好きの友人から幾度となく聞いたことがあります。理由は、食と前向きな美容医療にあるというのです。

釜山は、韓国美容医療体験ができる街として有名です。美容医療のコンシェルジュや通訳がいて、いい病院や先生を紹介してもらい、気軽にしみ取りや二重整形などが受けられるという〝観光〟も進んでいるとか。西面《ソミョン》には、美容外科や皮膚科、内科、眼科など200以上の医療機関が集中しているメディカルストリートと呼ばれている通りがあり、薬局を示す緑の十字マークもたくさん見られます。

気軽に体験できるのは、韓国発の美容法として知られる骨気《コルギ》。手技で骨や筋肉に圧力をかけ、血流やリンパの流れをよくして老廃物の排出を促します。全身にも施術でき、歩き疲れた足のむくみや肩こり解消などにも効果的。

韓国人の美の源といわれる食事も、西面で。釜山名物の豚肉のスープご飯・デジクッパや夏の風物詩といわれる冷麺のミルミョンなど、素朴で優しい味付けが病みつきになりそう！

優しく明るいオモニにほっこり

西面で日本人に人気のサロンの一つが、**シャロットエステティック**。肌をもちもち、ふっくらさせてくれるオリジナルの化粧品を使った施術が嬉しい。オーナーのお母さんは日本語がぺらぺらなので、肌や体のコンディションを相談することもできます。とても綺麗で親切なサロンです。男性もぜひ。

シャロットエステティック
🏠 釜山広域市釜山鎮区釜田路513-63,3F
📞 +82 51-816-5888
営 9：30〜20：30
休 旧正月、秋夕の当日

Check

冷麺のミルミョンも食べたい！

店ごとに味が違って美味しい

釜山名物テジクッパの専門店が立ち並ぶ、西面テジクッパ通りへ。私は、地元の人たちにも大人気の1946年創業の**松亭３代クッパ**でいただきました。豚の部位を１日以上かけて煮込んだスープと柔らかい豚肉は、想像以上にやさしい味で美味しい。唐辛子入りの薬味（タデギ）や塩、キムチなどを入れて、自分好みの味へ仕上げていくのも楽しい。

松亭３代クッパ
🏠 釜山広域市釜山鎮区西面路68番キル33
📞 +82 51-806-5722
営 24時間
休 旧正月、秋夕の前日と当日

2 DAYS

CITY / AREA

全州

JNJ

／

韓国

朝鮮王朝の故郷で古き良き時代の韓国を見る

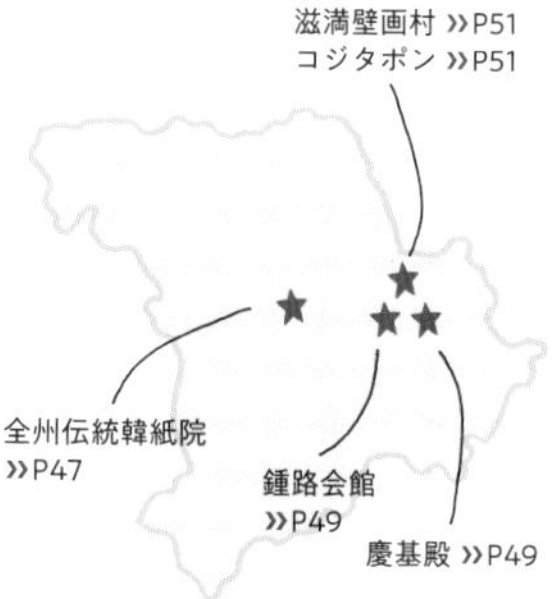

Jeonju

DATA

2時間
※ソウルか釜山まで。そこから電車やバスで1時間半〜

なし

ウォン
(1KRW＝約0.1円)

韓国語

ソウルの南約２３０㎞に位置する全州《チョンジュ》は、韓国南西部の行政区・全羅北道《チョルラプクト》の中心都市。韓国高速鉄道（ＫＴＸ）を使えばソウルから１時間半ほどで到着するので、日帰り旅行も可能です。歴史は古く、三国時代に百済の都として栄えました。朝鮮王朝の初代王である李成桂のルーツは全州李氏といわれています。

旧市街には約７００軒の韓国伝統的家屋が立ち並び、

全州韓屋村《チョンジュハノクマウル》として1977年に国の保存地区に指定されました。その中には李成桂の肖像画が祀られている**慶基殿**《キョンギジョン》があり、かつては城壁で囲まれていたそうですが、現在は城門の一つである豊南門《プンナムムン》が残るのみ。歩くだけでも古い時代を垣間見るような気分で楽しくなります。

　また、全州はビビンバやコンナムルクッパの発祥地で、華やかな食文化が発展してきた地域。日本でも美食の街・金沢と姉妹都市になっています。

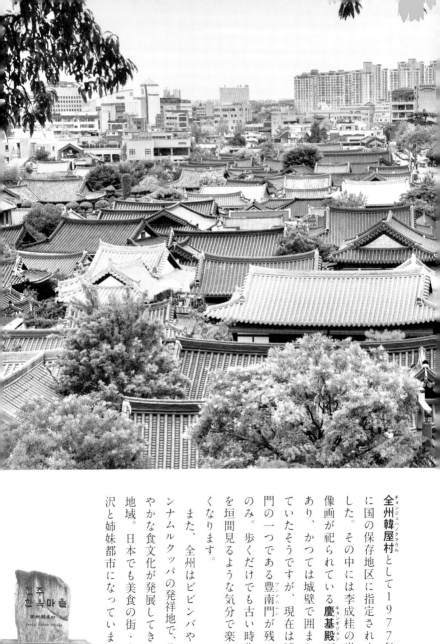

韓国伝統的家屋で伝統工芸の韓紙づくりをする！

全州の特産品であり、伝統工芸として名を馳せる韓紙《ハンジ》は、7世紀頃に中国から製紙技術が伝わり、朝鮮独自に発展をとげたといわれています。和紙と同じく楮《こうぞ》を原料として、厚みと質感があるのが特徴です。保温や防虫の効果があり、書物以外に箱や箪笥、扇子、鏡など生活の中でも活用されてきました。こうした雑貨は韓紙工芸と呼ばれ、朝鮮時代に盛んに造られていたといわれています。

全州では、いまだいくつかの工場で韓紙を作っているようです。1000年ほど前より、高品質の韓紙生産地として名を馳せてきたという韓屋村では、**全州伝統韓紙院**《チョンジュチョントンハンジウォン》で今も韓紙の生産と販売をしています。

ふらりと立ち寄ってみると、韓国の伝統的家屋もさることながら、年季を感じる味わい深い工場が目を引きます。職人さんに声をかけると、タイミングよく韓紙づくり体験をさせてもらえることに。韓紙を漉《す》いたり、枯れ草を使って模様を入れたりと、あっという間の作業でしたが、幾度となく世紀を超えて受け継がれてきた伝統に触れられて感慨深かったです。

韓紙で作られた人形も！

韓紙づくりの見学と体験を！

韓屋村の建物は住居のほか、飲食店や工場などになっています。伝統的な建物の見学も兼ねて伝統工芸を見たいと全州伝統韓紙院に立ち寄り、職人さんが紙を漉いたり、熱いテーブルで紙を乾燥させたりする様子を見学しました。

beautiful

1000年の歴史ある韓紙を土産に

院内の敷地には土産物店があり、色とりどりの韓紙や韓紙を使った扇子やレターセット、メモ帳などが売られていました。手作りのため、一つひとつが微妙に違います。職人さん曰く、ここの韓紙は日本に出荷していないようなので、全州オリジナルの土産として韓紙工芸をいくつか購入しました。日本でいつ使おうか、今から楽しみです。

全州伝統韓紙院

- 全羅北道全州市完山区韓紙キル100-10
- +82-10-8959-7757
- 営 6：00〜18：00
- 休 旧正月、秋夕の当日

〝味の故郷〟と謳われる食の都で、ビビンバを食べる!

「完全な州」という意味を持つ全州は、北以外は山に囲まれた盆地で、平野部には肥沃な穀倉地帯が広がり、古くから華やかな食文化が発展してきました。ビビンバや豆もやしスープご飯のコンナムルクッパも全州生まれ。これらは王様の食卓にも出された宮廷料理で、のちに庶民料理になったという説も。

〝全州ビビンバ〟は、30種類以上という食材の多さと華やかな盛りつけが特徴。特に、綺麗な地下水で作られた豆もやしとファンポムク（緑豆こんにゃくにクチナシを入れた黄色のこんにゃく）は全州ビビンバに欠かせない食材で、〝味の故郷〟と謳われる秘訣だともいわれています。料理を混ぜて食べるのは韓国ならではの食文化。材料次第で生み出される味は多様にあり、店によって材料の種類や数が違います。

ところで、かつてマイケル・ジャクソンが訪韓した際に全州ビビンバを食べて大ファンになり、それ以来世界的に有名になったという話があります。さらに全州は、2012年に韓国で初めてユネスコ食文化創造都市に選ばれました。華やかな食文化の歴史はとどまることを知りません。

好みの味を探すリピート旅も

韓屋村で全州ビビンバが食べられる店は多くありますが、私は慶基殿を訪れた際に隣にあった、1970年創業の全州ビビンバ専門店**鍾路会館**《チョンノフェグァン》に行きました。韓国海苔、挽き肉、豆もやし、ズッキーニ、ワラビ、豆苗、卵黄などの具材を混ぜると、ごま油がふわりと香り、優しいけどしっかりした味。鍾路会館の建物も、雰囲気があります。

鍾路会館

🏠 全北特別自治道全州市完山区殿洞60-2
📞 +82 63-283-4578
㊔ 9：00〜21：30
㊡ 旧正月、秋夕の当日

good

fun!

慶基殿を中心に広がる韓屋村

＼ 韓屋村を楽しみ尽くす！ ／

慶基殿は韓屋村のメインスポット。1412年に朝鮮王朝第３代王の太宗《たいそう》が全州、慶州、平壌に李成桂の肖像画を祀る建物を建築。当初は御容殿《オヨンジョン》と呼ばれていましたが、1442年に全州は慶基殿と改名されました。ところで、韓屋村では伝統衣装などのコスチュームをレンタルして街歩きするのが流行っているようで、絵になります。

慶基殿

🏠 全羅北道全州市完山区太祖路44
📞 +82 63-287-1330
㊔ 9：00〜18：00
㊡ なし

滋満壁画村で、芸術家と村の想いに触れる

韓屋村の東側に、多くの建物の壁に絵が描かれている注目の壁画村・**滋満壁画村**《チャマンピョクファマウル》があります。もとは、「タルトンネ」と呼ばれる生活環境がよくないエリアだったようですが、2012年の生活環境改善事業の一環で塀壁画事業が進められました。周辺環境とも調和するデザインで、村の住人ともコミュニケーションを取りながら、40軒余りの路地住宅に明るく華やかな壁画を造成し、新しい文化観光資源として生まれ変わったのです。村の入口付近にある案内板には、韓国語で「忘れ去られていったこの村に足を踏み入れてくれて光栄です。（中略）市民たちが才能を表現できる場となっています」とありました。

村の中には、20人の芸術家によるものや日本のアニメキャラクターが描かれたものなど、多様な壁画が。急な斜面もありますが、どこを歩いても壁画が見られるので楽しい。上へ上へと歩いていくと、見晴らしのよい場所にビタミンカラーに彩られた壁画カフェがありました。中はまるでおもちゃ箱のような世界観。韓屋村の近くでありながら異なる雰囲気のエリアなので、散策コースの一つとして訪れてみてはいかが？

WOW!

滋満壁画村

全羅北道全州市完山区校洞50-79，一帯

多彩な壁画で村おこし

20人の芸術家が担当した壁画には、作品紹介のプレートが貼られています。村は坂道が多く、迷路のような小道が続くので、一度見た壁画をもう一度見たいと思うとなかなか大変。構わずどんどん写真撮影していきましょう。韓屋村の慶基殿あたりから歩いて15分ほど。

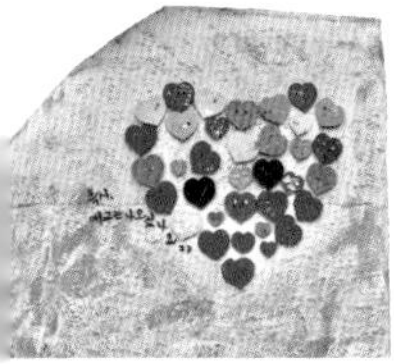

excite

コジタポン

全羅北道全州市完山区チャマンドン1キル1-8

063-288-2277

営 10：00〜22：00 ※早期閉店あり

休 なし

大人もわくわくのカフェ

ふらりと入ったカフェ・**コジタポン**の店内には、テーブルに着席したETがいました（笑）。せっかくなので、相席になって休憩タイム。その場で作ってくれるフレッシュなフルーツジュースが美味しくて、散策の疲れが吹き飛んでいきました。テラスからは村を眺望できます。ほかにも、いくつかカフェや食堂がありました。

2 DAYS

CITY / AREA

坡州

PJ

／

韓国

朝鮮半島の非武装地帯〝DMZ〟ツアーに参加する

DATA

2時間
※ソウルまで。そこからツアーで半日〜

なし

ウォン
（1KRW＝約0.1円）

韓国語

１９５０年、北朝鮮と韓国の間で朝鮮戦争が勃発し、１９５３年に休戦協定が結ばれました。その際、朝鮮半島の北緯38度線付近に、休戦ラインといえる軍事境界線（38度線）が設けられ、そこから南北双方２㎞は非武装地帯（Demilitarized Zone＝ＤＭＺと呼ばれる）とされました。

唯一、市域に非武装地帯がある坡州《パジュ》市は、軍事境界線上にある北朝鮮と接する板門店《パンムンジョム》

や望遠鏡で北朝鮮の建物や人を見ることができる都羅展望《トラチョンマン》台《デ》、北朝鮮が南侵のために掘ったトンネルなど、軍事境界線の最前線地域ならではの見所がたくさんあります。

　令和4年にロシアがウクライナに侵攻したことで、世界情勢はとたんに緊迫した雰囲気となりました。日本も無関心ではいられない昨今、南北分断の現実を肌で感じてこようと、ソウル発のDMZツアーに参加することにしました。

行ってみて肌で感じる
両国の歴史

DMZ

展望台で北朝鮮を見て、南北分断の歴史を学ぶ！

ニュースなどで北朝鮮の名をよく耳にしますが、実際に北朝鮮を目前に眺められるのは貴重な経験です。ツアーでは、民間人が自由に立ち入れる**烏頭山統一展望台**《オドゥサントンイルチョンマンデ》や民間人統制区域にある**都羅展望台**《トラチョンマンデ》で、北朝鮮の様子を臨むことができます。

烏頭山統一展望台は、目前に北朝鮮の山岳部から流れる臨津《イムジン》江《ガン》が見え、その中程が軍事境界線。望遠鏡で対岸の北朝鮮を覗くと、脱穀場や臨漢小学校、金日成史跡館などが確認できます。展望台の館内では、南北分断の歴史や分断による離散家族、北朝鮮の暮らしなどが、展示パネルや映像で紹介されています。

都羅展望台は、眼下に軍事境界線より南へ2㎞に位置する南方限界線が通り、展望台からは北朝鮮の開城《ケソン》工業団地や機井洞《キギョンドン》という宣伝村が見えます。望遠鏡を覗けば、自転車を漕ぐ人や畑を耕す人などが見えて、その暮らしぶりは至ってのどか。でもそれが〝本当の姿〟かどうか……。今にも南北統一できそうで、それが〝叶わぬ夢〟とされる現実が戦争の酷さ。ガイドさん曰く、「100年の内に統一を果たさなければ、未来永劫統一は不可能といわれている」ようです。

目の前に見える北朝鮮

都羅展望台から見える宣伝村は、北朝鮮が脱北者や韓国側に対して、体制のプロパガンダで造ったといわれる村。軍事境界線を挟んで、両国の国旗がたなびいています。一時は旗の高さを競い合っていたとか。烏頭山統一展望台では、朝鮮戦争時に北朝鮮から韓国に避難し、そのまま故郷に戻れなくなった失郷民が描いた、故郷を偲ぶ絵などの展示があります。

都羅展望台

🏠 京畿道　坡州市　長湍面　都羅山里，一帯
📞 031-953-4744（臨津閣国民観光地観光案内所）
営 9：00〜15：00（火〜金）、9：00〜15：30（土日）
休 月曜、祝日

烏頭山統一展望台

🏠 京畿道　坡州市　炭県面　必勝路　369
📞 031-956-9600
営【3〜10月】9：00〜17：00（月〜金）、9：00〜18：00（土日祝）／【11〜2月】9：00〜16：30（月〜金）、9：00〜17：00（土日祝）
休 月曜

pick up

DMZツアーには世界各地から観光客が

ツアーでの参加が必須

DMZツアーは、事前に日本語で予約できる**VELTRA**や**KKday**などのサイトを利用すると便利。ただし常に情勢が動くため、直前にツアー内容や時間帯が変更になる可能性があります。私が行った時期も、板門店で米兵が北朝鮮に脱走した事件の後で、板門店の見学が全面的に禁止されていました。

WANT TO DO

坡州でやりたいこと

民間人統制区域内を運行する世界唯一のゴンドラに乗る！

非武装地帯（ＤＭＺ）とは、条約や協定によって武装が禁止されている緩衝地帯のこと。朝鮮半島のＤＭＺは、朝鮮戦争の停戦協定（１９５３年）によって休戦となり、北緯38度線付近に置かれた軍事境界線を中心に、南北にそれぞれ２㎞ずつ軍隊を後退させて武装を禁止した計４㎞の地帯を指します。

軍事境界線から２㎞南の〝南方限界線〟から５～20㎞外側には、民間人統制線（民統線）が設定されていて、その間は民間人統制区域になっています。**臨津閣**《イムジンガッ》は、１９７２年の南北共同声明発表後に開発された韓国を代表する統一観光地で、民統線の外側すぐ（民間人統制区域外）に位置します。平和や民族（南北）統一を祈念したモニュメントや、１９５３年に捕虜となった１２０００人以上を交換するために造られた自由の橋（本物の一部）、北朝鮮に故郷がある人たちが離れた家族を追慕する望拝壇などがあり、ＤＭＺにおける歴史的背景がわかります。

臨津閣のおすすめは、民間人統制区域内を運行する臨津閣平和ゴンドラ。牧歌的な緑の田園を見下ろしながら、戦争と平和について考える貴重な時間を過ごせるはずです。

南北分断の象徴を見る

臨津閣には朝鮮戦争時に爆撃で破壊された鉄橋を再現したトッケ橋があり、入場料を払えば橋を歩くことができます。そのチケット売り場近くには、戦時中に被爆して半世紀以上にわたってDMZの京義線長湍駅に放置されていた蒸気機関車が展示されています。南北分断の象徴の一つで、登録文化財。その奥の鉄線は民統線の一部です。

Check

かつての米軍基地が学びの場に

ゴンドラで臨津江を渡り、対岸の乗り場で降りて5分ほど歩いた場所に、ギャラリー・グリーブスがあります。米軍が駐留していた時にボウリング場として使われていた施設で、リノベーションされて朝鮮戦争関連の資料などが展示されています。2004年まで米軍基地として使われていたキャンプ・グリーブスの端にあります。

臨津閣観光案内所

- 京畿道坡州市汶山邑臨津閣路177，一帯
- +82 31-953-4744
- 営 9：00〜18：00
- 休 なし

WANT TO DO
坡州でやりたいこと

南侵計画の爪痕、第3トンネルを歩く！

南北分断の現実を生々しく伝える**第3トンネル**。停戦協定が結ばれた1953年よりはるか後の1978年、脱北者のキム・ブソン氏の証言によって、ソウルまでの距離が52㎞、地下73mの地点で発見されたトンネルです。長さ1635m、幅2m、高さ2mの規模感で、軍事境界線より南に435m延びているようです。ガイドさん曰く、「北朝鮮の完全武装兵力3万人が1時間で移動できる大きさ」なのだそう。

観光客は、トンネルの入口から265mの範囲を歩けます。民間人統制区域内にあり、軍事境界線まで約200m地点まで近付くことができるため、ツアーへの参加が必須となりますが、最も多くの観光客が訪れるスポットの一つです。

北朝鮮はトンネルが発見されたときのために、石炭採掘を装う目的で壁に石炭を塗っていたようで、実際にトンネルを歩くと、黒々とした石炭が壁に付着しているのがわかります。ちなみに、地下73mのトンネルまで昇り降りする通路は、坡州市が建設して2004年に完成したもの。勾配11度で長さは358mと、かなりハード！

トンネル内は
撮影禁止！

地下73mで感じる脅威

第3トンネルはツアーでしか行けず、時間帯によってモノレールかウォーキングツアーになります。私のツアーは徒歩だったので、ヘルメットを着用してひたすら地下へ降りていきました。中は真夏でもかなり涼しく、狭い空間（閉所）なので、無理のない範囲で見学しましょう。

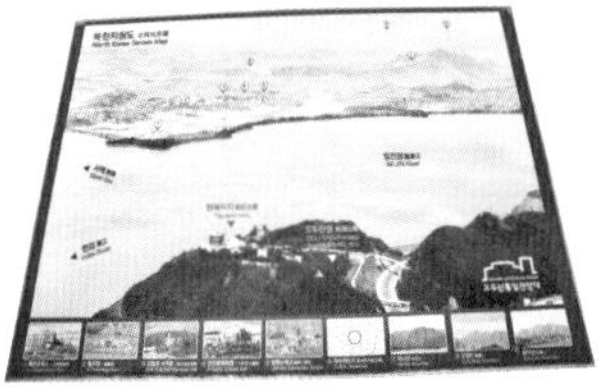

第3トンネル

- 京畿道坡州市汶山邑臨津閣路148-53,一帯
- 031-953-4744（臨津閣国民観光地観光案内所）
- 9：00～15：00
- 月曜、祝日

緊迫感が漂うDMZに平和を想う

DMZシアターでは自然の生態系について学べます。人の立ち入りが禁止されたDMZでは、豊かな自然の生態系が見られる一方で、北朝鮮が大量にばら撒いた地雷で命を落とす動物も多くいるとか。韓国の徴兵で、DMZに配属された兵士の主な作業は地雷の撤去。北朝鮮製の地雷は木製のため金属探知機にも反応せず、完全な撤去には100年かかるようです。

CITY / AREA

グアム

GAM／アメリカ

豊かな自然と最新スポットを楽しむ太平洋のリゾートアイランド

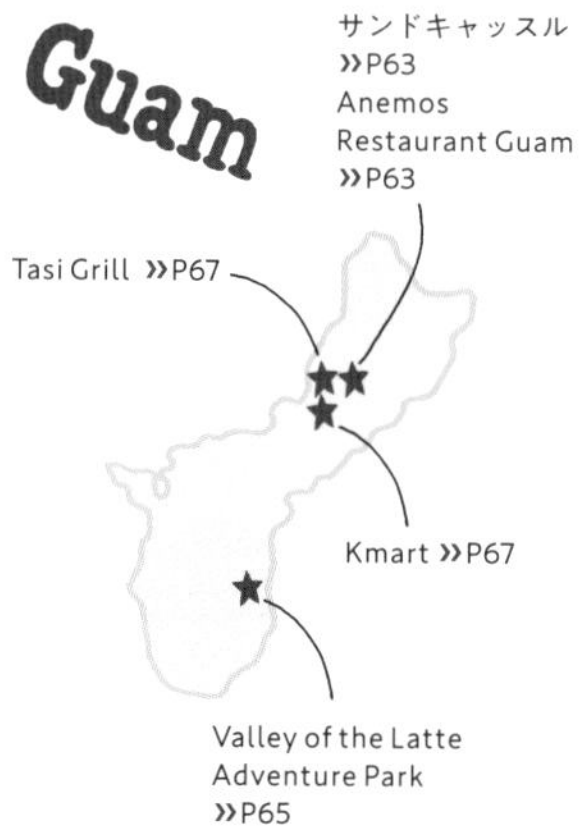

日本から近く、週末だけで行ける常夏のグアム。太平洋のマリアナ諸島南端に浮かぶ島で、アメリカの準州です。車なら半日あればぐるりと一周楽しめるほどの大きさ。欧米や日系などのリゾートホテルが多く進出し、ホテルのプールやビーチでゆっくり過ごすのに最適です。グアム観光の中心地であるタモンは、買い物や食事、エンターテインメントを楽しめるエリアで、

DATA

3時間半

＋１時間

ドル
(1USD=約147.1円)

英語

※滞在期間が45日以内の場合はVISA（ESTA《エスタ》）の取得は不要ですが、取得しておくと出入国カードの提出が免除されるなど、スムーズに入国できる場合があります。

真っ白な砂浜が広がるタモンビーチも人気。

もとは、古代に東南アジア系民族のチャモロ人が島に渡って定住。16世紀中頃にスペインの植民地となり、19世紀末に米西戦争で勝利したアメリカの植民地となりました。太平洋戦争が勃発すると、およそ3年は日本の占領下に置かれ、大宮島と呼ばれていました。土着のチャモロ文化と各国の影響が混ざりあって、独特の雰囲気や食文化などが見られるのもグアムならではのようです。

WANT TO SEE
グアムで観たいもの

最新テクノロジーを駆使したシアターで、グアム版シルク・ド・ソレイユを観る！

グアム最大級で随一の本格的ショーシアター **サンドキャッスル**で、２０２３年６月から最新テクノロジーを駆使したオリジナルショー「ＫＡＲＥＲＡ《カレラ》」がスタート！ グアムの文化をテーマとした「太平洋の島への旅の物語」という内容で、ショーディレクターはシルク・ド・ソレイユの数々の作品でアーティスティックコーチを務めたスーザン・ゴドロー氏。

物語は、主人公たちが現代的な都会から原始的な熱帯の世界へワープするところから始まり、太平洋の島々を舞台に神秘的なカルチャーとの出会いが繰り広げられます。私もわくわくして観客席でショーの開始を待っていると、いつの間にか演者がすぐそばの空いている席に座り、「あら、もう始まっているの？」と思うほどいきなりの一体感（笑）。やがて、全身の細胞がショーの音楽、ダンス、アクロバット、演者の表情に引き込まれ、70分が一瞬の大迫力！

ショーが終わってエントランスホールに出ると、演者たちがずらりと出迎えてくれて観客は大はしゃぎ。私も一緒に写真を撮ってもらいました！

great

サンドキャッスル（KARERA）
🏠 1199 Pale San Vitores Rd, Tamuning
📞 +1-671-649-7263
営 18：00〜21：30
休 水曜、日曜

大迫力の70分！

観客との一体感が魅力的な演出

サンドキャッスルはコロナ禍の期間に大々的なリノベーションを実施。100万ドルのIMAXスクリーン、37個のスピーカーで構成されたサウンドシステム、最新の照明、躍動感を演出する13基のステージリフトなどを導入し、観客とショーの一体感抜群のライブエンターテインメントが誕生しました。

yummy!

ショーの前に本格的地中海料理

サンドキャッスルなどグアムで数々の魅力的なコンテンツを提供するバルディガグループが、サンドキャッスルの真横にグアム初の本格的地中海料理レストラン**ANEMOS**をオープン。産地直送の食材でギリシャ人シェフたちが提供する料理はとっても美味。「KARERA」鑑賞の前に行けるのでおすすめ！

Anemos Restaurant Guam
🏠 1199 Pale San Vitores Rd, Tamuning
📞 +1 671-488-5018
営 11：30〜22：00
休 水曜

カヤックでジャングルを探検して、古代遺跡を見に行く！

タモンから車で40分。グアム南東部のタロフォフォリバーバレーに位置するValley《バレー》 of《オブ》 the《ザ》 Latte《ラッテ》 Adventure《アドベンチャー》 Park《パーク》で、タロフォフォ川をカヤックで進み、古代チャモロの村を散策する現地ツアーに参加しました。朝9時に、日本人インストラクターと一緒にカヤックを漕いで出発！　川の両岸にはヤシの木など熱帯の木々が生い茂り、頭上から照りつける太陽の光を遮って優しく風に揺れています。途中でヤシガニやナマズにパンをあげるなどして、ほのぼのとした時間が流れていきます。

やがて川沿いのチャモロ歴史文化村に上陸。およそ2000年前に大規模な古代チャモロ人の村があったといわれる村落跡で、当時の家などが再現されています。そしてグアムのシンボルでもあるラッテストーン（古代に家の土台として利用された石柱）も拝めました！　静かな川沿いで、自然とともに暮らす古代チャモロ人の姿が目に浮かぶようでした。

ツアー付きのランチではチャモロ料理をいただき、カヤックで川を戻って帰路に。お昼過ぎにはホテルに到着するので、午後のフライト時間までゆっくり過ごせました。

古代へタイムスリップ！

チャモロ歴史文化村に残るラッテストーン。素材はサンゴ石で、２つの石を組み合わせてキノコのような形をしているのが特徴。高床式の家の土台に使われていたと伝わります。サイパンなどマリアナ諸島で見られ、北マリアナ諸島の旗にも描かれています。カヤックは日焼け対策を忘れずに。

グアムで食べたいチャモロ料理

ツアーのランチはチャモロ料理！　代表的なレッドライスには、細菌に強いという赤いアチョーテの実を使うそうです。もともとチャモロ人の食事は、魚、野菜、果物、ココナッツなどを使った料理が基本。植民地時代に様々な影響を受け、いずれの料理も「甘い・辛い・酸っぱい」といった味付けなのだそう。

Valley of the Latte Adventure Park
- 4, Talofofo
- +1 (671) 647-1118
- 営 8：30〜16：00
- 休 なし

※ツアーへの参加はネットやホテルで要予約。

WANT TO DO
グアムでやりたいこと

海が見えるカフェでランチして、Kマートでお土産を買う！

20代の頃は、グアムに行くとマリンアクティビティを楽しんでいた記憶がありますが、今は海を眺めながら、ランチをしたり本を読んだりして過ごす方が好き。

グアム観光の中心地タモンはダウンタウンと呼ばれていますが、高級ブランドショップなどが入ったショッピングモールをはじめ、プチプラな土産物を揃えるABC STORESやKmartなどがあり、買い物にも便利。こぢんまりとした規模感で、子連れの家族が歩くのにもよさそうです。

ランチは、タモンビーチが見える海沿いのカフェへ。眩いほどの白砂のビーチと透き通ったエメラルドグリーンの海をうっとりと眺めながら、タコスとアメリカらしいハンバーガーを注文。グアムはスペインの植民地時代にメキシコ人労働者も来ていたため、タコスがメニューにあることも多いです。ちなみに、タバスコの一人あたりの消費量は世界一！

タモンビーチ沿いにはランチやお茶ができる飲食店がいくつかありますが、高級ホテルのビーチカフェに行くのがおすすめ。総じて、スタッフの方々は愛想よく、親切です！

Tasi Grill
(DUSIT THANI GUAM RESORT内)
🏠 1227 Pale San Vitores Rd, Tamuning
📞 +1 671-648-8000
㊫ 11：00〜21：00
㊡ なし

\ 海でのんびり！ /

ビーチカフェで海とランチを満喫

私が訪れたのはタイの5つ星ホテルDUSIT《デュシ》 THANI《タニ》 GUAM《グアム》 RESORT《リゾート》にあるビーチカフェTasi《タシ》 Grill《グリル》。空いていればビジターも予約なしで入れます。海がすぐ目の前という絶好のロケーションで、ハンバーガーやタコスを食べてのんびりと過ごしました。食後はビーチを散策して、海も十分満喫！

Kmart
🏠 404 North Marine Drive, Tamuning
📞 +1 671-649-9878
㊫ 24時間営業
㊡ なし

pick up

市内シャトルバスを使ってお土産探し

タモンエリアは、市内を巡回する赤いシャトルバスを利用して巡ると便利。たとえば、Kmartで降りて次のバスが来るまで約1時間お買い物。土産物や生活用品など品揃え抜群です。シャトルバスは北回りと南回りがあり、1日券や2日券などあり。JCBカードを提示すると無料で乗れました！　タクシーは台数が少なく、高い！

2 DAYS

CITY / AREA

上海

SGH

／

中国

光の世界に溶け込み、非日常を味わえる美食の古都

Shanghai

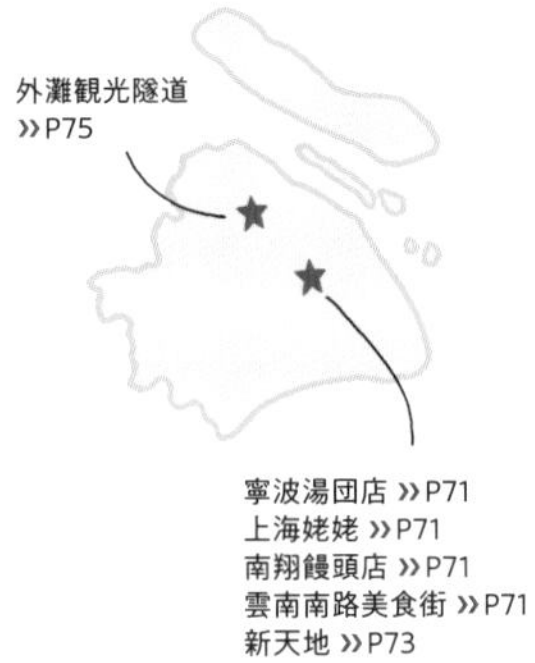

DATA

- 3時間
- −1時間
- 元（1CNY=約20.5円）
- 中国語
- VISA 要

天に届きそうな高層ビルがギュッと密集し、その間をレトロな家や商店が連なって、アジアらしい顔を見せる上海。一方で、外国による租界時代の豪壮な歴史的建造物が存在感を放ち、アジアで最もヨーロッパに近い顔も見せます。新旧と中洋が混沌とした街並みがとても印象的です。

これまで何度か上海を訪れていますが、コロナ禍明けに訪れたときはあいにくの雨。

※2024年１月現在、中国への入国には観光ビザが必要。ビザの申請は、最低１ヶ月は余裕をもってすること。

頑張れば中心地の観光名所はほぼ徒歩で回れるので、雨を億劫に感じていたら大間違い。夕刻、街中が一気にライトアップされると、濡れた道路が煌々と光る建物やネオンを映し出し、天地は光の世界へと変貌！　幻想的な夜道を陶然としながら散歩して、非日常感を味わいました。

　日中は、豫園《ユイユアン》や雲南南路《ユンナンナンルー》美食街、外灘《ワイタン》、はたまたコンビニエンスストアなど、雰囲気の違う場所や店で本場の中華グルメを食べ歩き。絵になる街の写真を撮るのも楽しい！

WANT TO EAT

上海で食べたいもの

地元の名店、人気店を巡って、自分好みの中華グルメを見つける！

上海には数えきれないほどの飲食店がありますが、その味はピンキリ。できれば、限られた滞在日数で自分好みのグルメを見つけたい！　そこで、事前に上海に詳しい友人に調査！　そして「どの店も美味しい**雲南南路美食街**へ」「地元の家庭料理なら、迷わず外灘の**上海姥姥**《シャンハイラオラオ》へ」「小籠包は豫園の**南翔饅頭店**《ナンシャンマントウディエン》へ」と聞いた情報をもとに、各エリアへと足を運びました。

それぞれ市内の中心地にあるのにエリアの景観は異なり、歩くだけでも刺激的。上海姥姥や南翔饅頭店は間違いなく大当たりでしたが、雲南南路美食街は圧倒的に地元の人たちが多く、人だかりのできている店に入ってみれば、それも大当たり！上海で大人気の焼き小籠包店**大壺春**《ダーフーチュン》や塩味の蒸し鴨を出す店**小**《シャオ》**金陵**《ジンリン》に入って地元の人たちに混ざり、雰囲気とともに舌鼓を打ちました。ちなみに、食べログの中国版とされる「大衆点評（大众点评）」というアプリにはご飯の写真や口コミ評価が載っています。その口コミ評価なる表示が店先に貼られていることがあるので、一つの目安にしてもいいかも。

寧波湯団店

上海市黄浦区豫园新路豫园老街104
なし
営 8：30〜21：30
休 なし

上海でハマった白玉団子

南翔饅頭店のほか、豫園でおすすめされたスイーツが**寧波湯団店**《ニンポータントゥアンディエン》。寧波は中国の地名で、湯団はもち米粉で餡を包んで茹でた白玉団子のこと。中の餡は粗くすりつぶした甘い黒胡麻がイチオシ。地元家庭料理の上海姥姥には、定番の中華料理は大抵あります。店内は綺麗で雰囲気もよし！　地元客が多く、賑やかな中国語が飛び交っています。

上海姥姥

上海市福州路70号
(021) 6321 6613
営 10：30〜22：00
休 なし

南翔饅頭店

上海市豫園路87号
021-6355-4206
営 8：00〜20：00
休 なし

地元民が大好き雲南南路美食街

雲南南路美食街の雲南南路という通りは両側に飲食店が並んでいて、その建物もレトロ。焼き小籠包の大壺春は外まで人が並ぶほどの人気店。小金陵では、ほとんどの地元客が鴨肉の入った太い春雨のスープ「老鴨粉絲湯塩水鴨」を食べており、このスープが絶妙な旨さ！　どちらも現金かWeChat Payの支払いのみです。

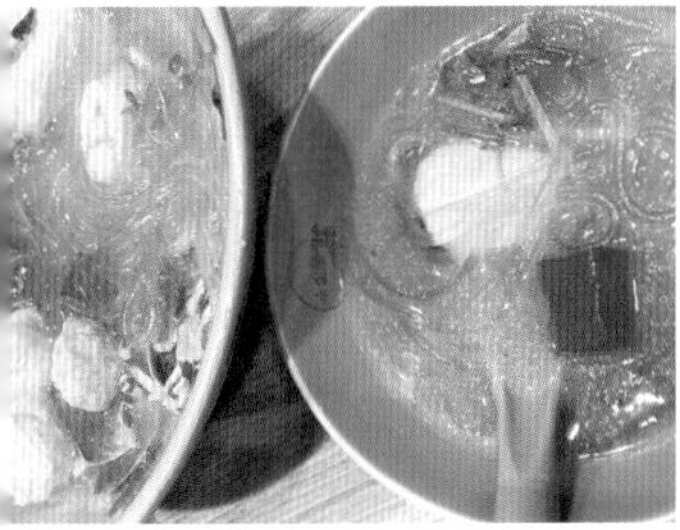

雲南南路美食街

上海市黄浦区雲南南路
【大壺春】なし／【小金陵】021-63266436
営【大壺春】7：30〜14：00、15：00〜20：00／【小金陵】11：00〜20：30
休 なし

再開発スポット・新天地で
ヨーロピアンなアジアの雰囲気を味わう！

19世紀、中国が清の時代に欧米列強が東洋の支配を進め、1842年にイギリスが南京条約で開港させた地域の一つが上海。土地を租借してイギリス居留地を作りました。外国が土地を借りて治外法権を行使するエリアとなった〝租界〟の始まりです。その後、英米仏日の租界が形成されていったため、今でも各地に異国風の建物が残っているのです。

現在、租界エリアはおしゃれスポットへと再開発され、観光地として人気があります。遠いヨーロッパなどの異国の雰囲気を存分に味わいながらも、上海らしいレトロ感もあるのが魅力。

フランス租界だった**新天地**《シンティエンディー》は、2000年に新しく開発されたエリア。1920年代の租界時代に建てられた石庫門《シークーメン》と呼ばれる長屋の集合アパートをそのまま改装して、外国の高級ブランド店やおしゃれなレストラン、カフェバー、スターバックス、ショッピングセンター、雑貨店などになっています。見所は歴史的な建造物もですが、流行のファッションを着こなして歩く上海女子たちも。全体的に高価なエリアなので、食前や食後に、軽くお茶やカクテルなどを飲みに来るのがおすすめです。

beautiful

西洋の雰囲気をまとう新天地

新天地は、興業路を挟んで北里と南里に分かれています。店構えや内装によってヨーロッパの街角のような雰囲気もあり、夜になるとライトアップされます。また、新天地の近くにあるフランス租界時代の思南公館《スーナンゴングアン》という場所も2011年に新しく開発されました。上海セレブのライフスタイルが垣間見られるエリアといわれています。

Check

中華以外の洗練されたグルメ

新天地のスターバックスの隣に2022年にオープンした**gaga coast**がおすすめ。３階建てで各階どれも洗練され、"海岸を旅するようにリラックスを"というテーマの空間です。上海や国内外で活躍する建築・インテリア事務所のLinehouseが手がけています。フムスやシーフードグリルなど、地中海料理が食べられます。ワインの種類も豊富！

新天地

住 上海市黄浦区新天地马当路119号
電 店舗により異なる
営 店舗により異なる
休 ほぼ無休

光の世界を彷徨いながら、電飾アートのトンネルをトラムで通る

上海は夜になると、魔都らしい世界観へと変貌します。建造物はライトアップされ、電飾は煌々と輝き、昼間よりも眩いと感じるかもしれません。夜空も明るく、上海市内には本当の夜はやってこないのかと思うほど。

外灘に出て、黄浦江《ホアンプージャン》を挟んだ対岸の陸家嘴《ルージャーズイ》（浦東新区）を眺めれば、高層ビル群の一つひとつがライトショーのごとく独特の電飾で光を放ち、その前を航行する電飾ぎらぎらのクルーズ船が見られます。一方、外灘側は歴史的な建造物群が黄金にライトアップされ、異なった光の世界が広がります。ほかの繁華街や観光地、高速道路なども一斉にライトアップ。そんな夜の姿こそ、中国が追い求める夢の世界なのかと思えます。

日中も中国の電飾文化なるものを感じられるのが、**外灘観光《ワイタングァンスイダオ》隧道《ワンファン》**。黄浦江の下を通るトンネルで、外灘と陸家嘴を結んでいます。両岸へ移動する手段として高額ではありますが、その分、SFの世界にテレポートしたかのような体験ができます。陸家嘴で降りると、出入り口は2021年にオープンした浦東《プードン》美術館の前に出るので、併せて立ち寄ってみては。

外灘観光隧道

上海市中山東一路300号（外灘側入り口）

021-5888-6000

営 8：00～22：00（祝日8：00～22：30）

休 なし

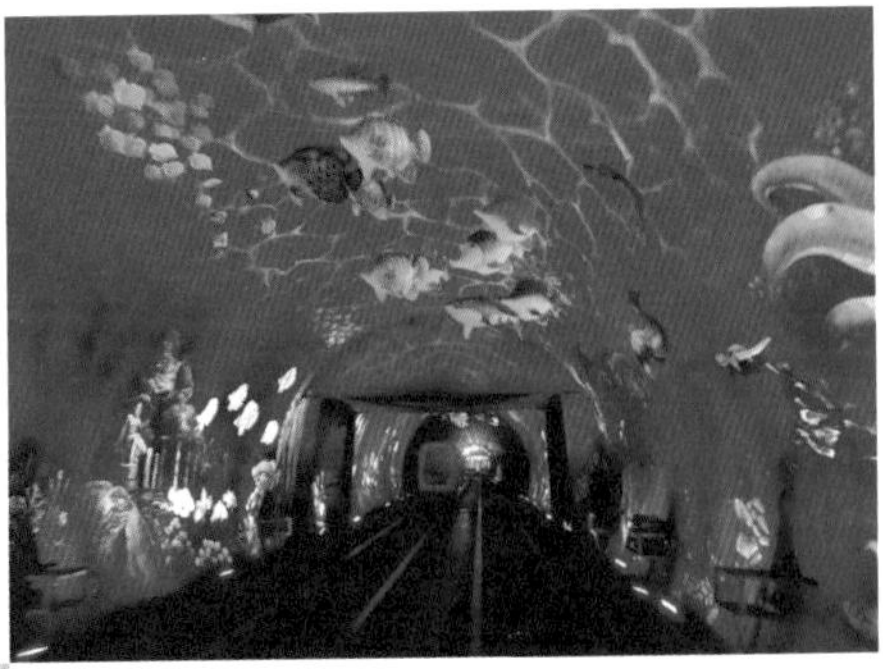

黄浦江を渡るなら観光トンネルで

観光トンネルだと思って敬遠していた外灘観光隧道ですが、入ったら凄かった！　定員10名ほどのトラムに乗って出発すると、めくるめく電飾アートの世界へ。星空ゾーン、火山ゾーン、海底ゾーンなどテーマがあるようです。また浦東美術館はジャン・ヌーベルが建築設計。さらに近くに安藤忠雄氏が内館の設計をした震旦博物館《ジェンダンボーウーグアン》も。建築好きな人はぜひ。

租界時代の歴史が残るBund地区

夜景を見に最も観光客が訪れるのは、黄浦江が見える外灘地区。外灘は「Bund《バンド》」と呼ばれていました。租界時代に旅客や物流の大動脈だった黄浦江には、各国の企業がこぞって豪壮な建物を建築。ルネサンス様式やアール・デコ様式、バロック様式など、一度に様々な建築物が見られます。日中と夜、二度訪れたい場所です。

夜もじっくり
楽しめる！

fun!

COLUMN

コロナ後、円安、DXを踏まえた旅の計画を！

コロナ禍も明け、私が最初に旅を再開した街は上海でした。そしてコロナ前と変わっていることが多くて大慌て。

たとえば、出発2週間前に観光ビザが必要だと気づき（これまでは15日以内の観光滞在はビザ不要でした）、中国ビザセンターに申し込んでいては間に合わないと、中国ビザ代行サービス（有料）へ駆け込んでなんとかビザをゲット。

さらに現地でびっくり。上海の物価はほぼ東京と変わらないし、キャッシュレス化が進み、中高級のホテルや飲食店、観光地では現金払いだと少し嫌がられることも。余談ですが、中国の「元」の通貨記号は日本と同じ「¥」なので要注意。現地での「¥100」は、2000円ほどです。

また、コロナ禍で閉店した飲食店などもあるので、行きたい店があれば、事前にGoogle Mapsで「街の名前と店名」で検索を。閉店した場合は「閉業」と記載されているはず。

ただ、中国のWi-Fiに接続するとGoogleやLINEなどは使用できません。中国でそれらが使えるSIMカードを事前にネットサイトなどで購入し、行きの機内で設定すれば到着後すぐに使えます。

世界の変化を前提に旅の計画を！

3連休で行く海外

3

DAYS

3日あればイスラム教の国や、都市を離れた
大自然の中、憧れのホテルステイなど、異国
情緒たっぷりの旅が楽しめます！

3 DAYS

CITY / AREA

コタキナバル／マレーシア

KKB

街の喧騒と熱帯雨林の大自然を同時に味わえる街

Kota Kinabalu

東南アジアの面白さは、活気みなぎる喧騒の街と、生命力のみなぎる豊かな自然の対比を存分に楽しめること。ブルネイ、インドネシア、マレーシアにまたがる世界最大級の面積を誇る島、ボルネオ島はまさにその対比が顕著です。

ボルネオ島北部にあるコタキナバルは、海沿いの賑やかな港町。東マレーシア最大の街で、美しい海を目前にしたリゾートホテルやショッピン

DATA

約6時間

－1時間

リンギット
(1MYR＝約31.9円)

マレー語

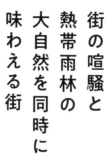

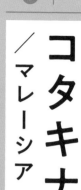

グモールの開発も進み、勢いは止まりません。週末にはダウンタウンでサンデーマーケットが開かれ、その雰囲気を楽しもうとする観光客が大集合。地元の工芸品や特産品を眺めるのも一興。夜は海の幸を豪快に料理してくれるナイトマーケットも魅力です。コタキナバル郊外では、熱帯雨林のジャングルと東南アジア最高峰のキナバル山を間近に感じながら、起伏に富んだ刺激的な時間をたっぷり楽しめます。

食もショッピングも
自然も満喫！

WANT TO EAT
コタキナバルで食べたいもの

夜に賑わうナイトマーケットで、B級海鮮グルメを味わいたい！

コタキナバルに着いたら、アジアらしい夜の時間を楽しみたい！　おすすめは、シーフードをたらふく味わえる**ウォーターフロント・シーフード・ナイトマーケット**での夜ご飯。海を目前にテントを張ったお店が軒を連ね、店先に新鮮な魚やエビ、カニなどが並んでいます。「いらっしゃい！」「今日獲れたんだよ」と、賑やかな客引きは活気があって、食欲も湧いてきます。気に入ったお店に入ってから、その店自慢の魚を物色していると、「フライにする？　バターで炒めても美味しいよ」と料理を提案してくれます。備え付けのメニューから選んでもよし。私はぷりぷりのエビを「おまかせ」にして、バター風味の素揚げにしてもらいました。ほかに、シーフードチャーハンやイカのフライなども。どの店も屋外キッチンで豪快に調理していて、そこかしこで香ばしい香りが漂います。

海港のコタキナバルは、マレーシア国内屈指の新鮮な魚介類に恵まれています。市内にはナイトマーケットがいくつかあるので、はしごして食べ歩くのもおすすめ。金曜と土曜の夜には、人気のガヤストリートにも屋台が並びます。

SWEET

地元の人たちに混ざって食べる

ナイトマーケットに着いたら、まずは一通りお店を見て回りましょう。それぞれのお店にある魚介類は、種類も見た目も値段も、調理法も異なります。気になったお店をはしごしてもよし。値段は、レストランで食べるより安くてボリューミー。野菜料理もあり。日本では食べない珍しい魚を思い切って食べてみるのも、旅の思い出に。

Waterfront Seafood Night Market

🏠 401, Jalan Tun Fuad Stephen, Pusat Bandar Kota Kinabalu,Kota Kinabalu, Sabah
📞 なし
㊢ 水上タクシーのある時間内
㊡ なし

WOW!

1 魚介類だけでなく、野菜や果物も並びます。
2 新鮮な魚がずらりと並ぶ店先。

新鮮、ボリューミー、安い!

注文するときは、気になる食材を指差して「ハーフ（500g）」「キロ（1kg）」「エビ5尾」などと言えば、重さを量って値段を出してくれます。調理方法や味付けも希望があれば伝えましょう。ドリンクは「フレッシュジュース」と言えば、搾りたてを持ってきてくれます。食後の会計をお願いするときは「マイタン」と言えばOK。

WANT TO DO

コタキナバルでやりたいこと

サンデーマーケットで地元の休日を堪能する

イギリス植民地時代、日本軍の占領、第二次世界大戦での爆撃など、受難の歴史を経てきたコタキナバルは、1968年に街が再建され今の姿へと復興を遂げてきました。次々と新しいビルやモール、リゾートホテルが開発されるなか、植民地時代の面影を残すダウンタウンがKKラマ地区。その中心地である**ガヤストリート**は、いにしえの建物や地元の人で賑わう食堂、マッサージ店、土産店が軒を連ね、大勢の人が行き交います。

ガヤストリートに最も多くの人が集うのは、日曜の午前中。早朝から歩行者天国となってサンデーマーケットが開催され、野菜や果物、コーヒー、植物、衣類、民芸品、生活用品など、様々な物が売られます。人だかりのできているココナッツジュース屋さんで、私も一つ頼んでみました。サッカーボールほどの大きなココナッツを鉈《なた》で器用に割って、ストローを刺して「ほらよ」と渡されます。飲んでみると、なんともワイルドな味！　お腹が空いたら、ガヤストリートの食堂でラクサという麺料理を食べ、フットマッサージで休憩を。充実した日曜の朝を満喫しました。

地元の暮らしが垣間見られる

常夏のコタキナバルは、太陽が昇るとかなり厳しい日差しが降り注ぎ、あっという間に日焼けします。日焼け止めはもちろん、帽子もあった方が熱中症対策になります。サンデーマーケットでは帽子も売っているので、そこで買うのもおすすめ。私はサンバイザーを20リンギットくらいで購入しました！

cute

マレーシア名物のなまこ石鹸

買い物は、基本的に値段を交渉して安くしてもらって手に入れるスタイル。最初の言い値の半額くらいから交渉をスタートさせてみましょう。名物土産で私のおすすめは、なまこ石鹸とボルネオコーヒー。なまこ石鹸は顔と体に使えて、肌がツルツルになります。コーヒーは、お願いすると挽いてくれます。

特産品のコーヒーはあちこちの店で販売

Gaya Street Sunday Morning Market

Gaya Street, Kota Kinabalu, Sabah

なし

6：30～13：00（店による）
※日曜のみ開催

郊外のジャングルで、温泉とキャノピーウォーク体験でリフレッシュ！

第二次世界大戦中、日本軍が掘り当てた**ポーリン温泉**が、キナバル自然公園のジャングルにあります。ポーリンとは、その土地で暮らしてきたカダザン・ドゥスン民族の言葉で「竹」という意味。コタキナバル市内のタクシー乗り場で一台チャーターして、キナバル山の麓まで3時間かけて向かいました。途中、険しいキナバル山の雄大な姿を拝み、ポーリン温泉へ。屋外の無料露天風呂は、硫黄のにおいが漂うプールという感じ。主に地元の人達が週末の憩いに来ているようで、子ども達が楽しそうに泳いでいました。私も浸かってみると、たしかに日本の温泉とは違って、じっとしているよりも泳ぎたくなる。周囲には鬱蒼とした木々が繁り、ジャングルのオアシスのようでした。

ポーリン温泉からジャングルの方へ歩くと、キャノピーウォークができる場所があります。ゲートでチケットを購入し山道を15分ほど登ると、ゆらりと揺れる吊り橋が樹冠に数カ所作られています。その長さは全長157m、高さは最高で地上41m。マレーシア国内でも数少ない高さを誇ります。細い吊り橋から、果てなく広がる熱帯雨林を望み、森林浴を楽しみました。

自分で湯を張り浸る天然温泉

屋外露天風呂には浴槽（小さなプール）がいくつもあり、自由にお湯を張って入れます。ただ、熱いお湯に浸かる習慣がないマレーシア人は、50℃以上の源泉に大量の水を入れてぬるま湯にします。お湯を張るのに時間がかかるので、余裕を持って訪れて。来る途中、運良く晴れればキナバル山を望めます！

ポーリン温泉（Poring Hot Spring）

🏠 K.g.Poring Ranau, Kota Kinabalu, Sabah
📞 088-870102
㈬ 8：00〜17：00
㊡ なし

ホテルでさくっと
ジャングル体験

コタキナバル市内でキャノピーウォークができるのが、**シャングリ・ラ ラサリア コタキナバル**。手付かずの自然の中に建てられた豪華なホテルですが、アクティビティとしてジャングルトレッキングのほか、キャノピーウォークをレンジャーと一緒に楽しむことができます。運が良ければテングザルにも出会えます。

シャングリ・ラ ラサリア コタキナバル

🏠 Pantai Dalit, Tuaran, Kota Kinabalu, Sabah
📞 088-797-888
※キャノピーウォークは要予約

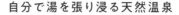

3 DAYS

CITY / AREA

バンダルスリブガワン
BSB
／ブルネイ

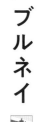

裕福な国の素顔に触れて、たっぷり幸せを分けてもらう旅

Bandar Seri Begawan

DATA

6時間半

－1時間

ブルネイ・ドル
(1BND＝約111円)

マレー語

石油と天然ガスの資源に恵まれ、東南アジア随一の裕福な国といわれるブルネイ・ダルサラームは、世界で3番目の島面積を誇るボルネオ島の北部にあるとても小さな国。近年、日本との直行便も就航して、より訪れやすくなりました。イスラム教国家で、首都のバンダルスリブガワンには美しいモスクが点在しており、異国情緒満点。治安もよく、衛生的で、なにより自然

豊か。世界最大規模の水上集落では素朴な人の暮らしも見られ、ほっこりとする時間が流れます。一方で、7つ星と称されるホテルは、国家の富と威厳を伝えるがごとく、豪華絢爛そのもの。ここに、手頃に滞在できるのも嬉しい限り。そして街中で猫がたくさん暮らしているのもブルネイの特徴です。国名の意味にある「永遠に平和な国」の素顔を覗きながら、旅情たっぷりの時間を満喫できます！

世界最大の多彩な水上集落をのんびりお散歩

美しく整然としたブルネイの素顔は、水上集落**カンポン・アイール**にあります。茶緑色のブルネイ川に、家々が浮かぶように建っている広大な集落です。対岸から水上タクシーに乗って、ものの5分ほどで到着。水上から家の脚がずらりと見えて、壮観な眺めです。600年以上の歴史があり、今では水道、電気も通り、民家だけでなく学校や警察、モスクまである「村」。観光地化されておらず、普通に地元の暮らしが営まれています。

水上タクシー乗り場で降りて、散策開始。足元には、木の板を繋いで組んだような長い橋の道が延々と続き、総距離数kmなのではないかという長さです。道は入り組み、迷宮のようで、冒険心にかられます。家の外観は多彩でフォトジェニック。子ども達が魚釣りをしたり、軒先で家族がバーベキューをしていたり。そして、猫によく出くわしました。

カンポン・アイールで最も心を奪われたのは、Pottery Houseという民家。色とりどりの造花でデコレーションされて、華やか。まるで、水上のユートピアにたどり着いた気分。気づけば、あっという間に時間が経っていきました。

cute

どの家も
カラフル！

fun!

カラフルで歴史ある水上の村

Pottery Houseへは案内板もありますが、少しわかりにくいので地元の人に聞きながら向かう方が安心。中を見学したり写真を撮ったりするときは、住人に声をかけましょう。造花の装飾だけでなく、木の板が敷き詰められた床も、定期的に絵を描き替えているようです。

水上タクシーで
すぐ行ける！

1 カラフルでわくわくするカンポン・アイールのなか
2 水上タクシーに乗ってみよう！

2

カンポン・アイール（Pottery House）

- 住所 Unnamed Road, Kampong Ayer, Brunei
- 電話 なし
- 営 水上タクシーのある時間内
- 休 なし

1

気軽に利用できる水上タクシー

ブルネイ川沿いに水上タクシー乗り場があり、片道1ブルネイ・ドル。カンポン・アイールには水上タクシー乗り場がいくつもあって、どこからでも乗ることができるそう。メインの水上タクシー乗り場には、ツーリストインフォメーションカウンターもあります。

豪華絢爛なモスクで、聖なる祈りの場を見学する

イスラム教国家ブルネイの街中にはいくつかモスクがありますが、中でも中心市街地にあり、国のシンボリック的存在である**スルタン・オマール・アリ・サイフディン・モスク**（通称オールドモスク）は必見。前国王時代、イタリアの建築家が設計し、白亜に眩い外観と金色のドームが豪華で、お城のようにも見える美しさ。

また、ブルネイで一番大きいモスクが、ニューモスクと呼ばれる**ジャミ・アス・ハサナル・ボルキア・モスク**。現国王の即位25年を祝して、約8年がかりで建築されました。青を基調とした外観のデザインは可愛く、内観の立体的で有機的な設計の建築は、スペインのサグラダ・ファミリアのよう。

どちらのモスクも金色のドームは純金で、床や柱には膨大な大理石を使っており、偽りなく豪華。まさに富の象徴といえます。ブルネイは医療費や教育費が無料で、所得税や消費税などもない、真に資金源豊かな国なのです。観光客も黒いローブを借りれば入場可能。聖なる祈りの場を見学できます。日本ではあまり馴染みのないモスクで、神秘的な空間を陶然と味わいました。

ブルネイの2大モスクは必見!

高層ビルを見かけないブルネイ。どうやらオールドモスクの尖塔より高い建物は建造してはいけないと決まっているそう。オールドモスクの前には人工のラグーン（外の海とは切り離された、浅い湖のような水域）があって、16世紀の王室御座船のレプリカが浮かぶように設置されています。

2

スルタン・オマール・アリ・サイフディン・モスク

🏠 Lambak Kanan BS8711, Brunei

㊫ 8：30〜12：00、13：30〜15：00、16：30〜17：30（月〜水、日）、16：30〜17：30（金、土）

㊡ なし

1 5000人収容可能のニューモスク。中は芸術的！

2 オールドモスクと王室御座船のレプリカ

ジャミ・アス・ハサナル・ボルキア・モスク

🏠 Simpang 127, Bandar Seri Begawan, Brunei

㊫ 8：00〜11：30、14：00〜15：00

㊡ 金曜

国民の心の拠り所であるモスク

ブルネイは、空港の横にも**インターナショナル・エアポート・モスク**があります。ブルネイの人は熱心なイスラム教徒で、生活の身近なところにモスクがあるそうです。お祈りの時間は一般の人の見学禁止。また、街中のお店がクローズするのも当たり前なので、街巡りをする際には気をつけて。

WANT TO DO

バンダルスリブガワンでやりたいこと

世界一泊まりやすい7つ星ホテルで王族気分に浸る

ブルネイを訪れる多くの観光客には、7つ星ホテルと称される壮麗な**ジ・エンパイア・ブルネイ**（実際は5つ星）での滞在を目的とする人も多いはず。世界で7つ星と格付けされているのは、ブルネイとドバイの2つだけ。そこかしこに使われたゴールドや、床や柱の大理石は圧巻の規模。お金持ち大国ブルネイの顔を見せてくれます。最大の魅力は、一泊3万5千円程度で宿泊できること。私も、嬉々として宿泊しました。

オープンして20年余り経ち、それなりに年季は感じるものの、巨大な吹き抜けのホールの立派なこと。歴史ある王宮さながら、優雅な気持ちにさせてくれます。広々とした部屋のバルコニーからは海を望むこともでき、気持ちのよい潮風にあたり至福のとき。午後にはホールのラウンジでアフタヌーンティー。それから浜辺を歩き、やがて空がピンク色に染まる様子を心ゆくまで眺め、夕食は海辺のプールサイドレストランで、ブルネイ料理のビュッフェ。洗練されているけれど、ちょっと野性味もある郷土料理をたらふく味わい、静寂な夜を迎えました。ゆったりと心が潤っていくような、幸せなときを過ごせます。

1 広々とした部屋はインテリアも素敵
2 王宮のように豪華絢爛な佇まい

手の届く価格で贅沢なときを

客室には様々なタイプがありますが、海を望める部屋がおすすめ。できれば上層階でオーシャンビューの部屋を予約すべし。基本的に、スタッフのホスピタリティも素晴らしい。ホテルは中心地から離れたジュルドン地区にありますが、ホテル内にレストランやジム、ゴルフコース、映画館などが揃っているので一日中過ごしても飽きることはありません！

王宮ホテルで優雅にアフタヌーンティー

ホテルのロビーラウンジでは、アフタヌーンティーを楽しめます。人気なので、事前予約するのが無難です。ティースタンド三段にのったケーキ、焼きたてスコーン、サンドウィッチ、それからメニューにある飲み物はお代わり自由。ゆっくりと午後の時間を寛げます。ブルネイはかつて英国の植民地だったので、その影響を受けているのかもしれません。

THE《ジ》 EMPIRE《エンパイア》 BRUNEI《ブルネイ》

Jerudong, BG3122 Negara Brunei Darussalam
+673 241 8888

3 DAYS

CITY / AREA

バンコク

BKK／タイ

日々進化する街で、心と体をのびのび解放する

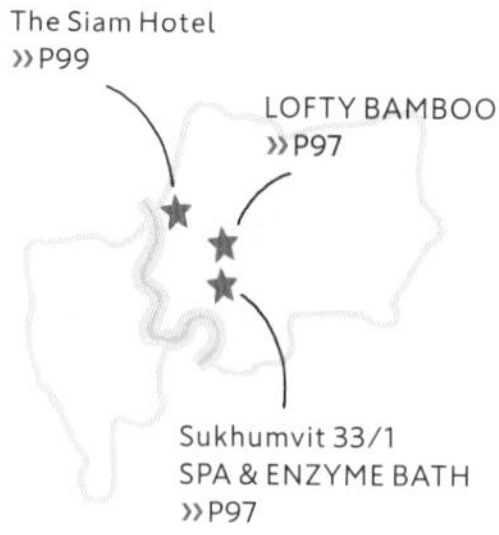

Bangkok

DATA

7時間

−2時間

バーツ
(1THB＝約4.2円)

タイ語

アジア屈指の大都会バンコクは、行くたびにホットな新スポットができていて目移りばかりしてしまいますが、古き良き時代の面影を残した街並みや庶民的で活気ある人の暮らしも垣間見られ、ほっと落ち着く一面も。

バンコクを旅するとき、私はなんだかんだ、行き慣れた場所や老舗へと足を運んでしまいます。そして、普段日本でなかなかできないことで贅

沢をしようと、割り切ります。例えば高級ホテルに泊まったり、1日に二度も三度も美容体験をしてみたり。昔ながらの賑わう路地で、縁日でなければ食べられないような屋台のB級グルメを食べ歩き、マンゴーなど南国のフルーツを気の済むまで食べて。日本と同じクオリティに感じても、値段はお手頃！ バンコクは、自分の体と心をじわっと潤すような、リッチな体験を可能にしてくれる夢の街。思うままに、全部エンジョイしましょう！

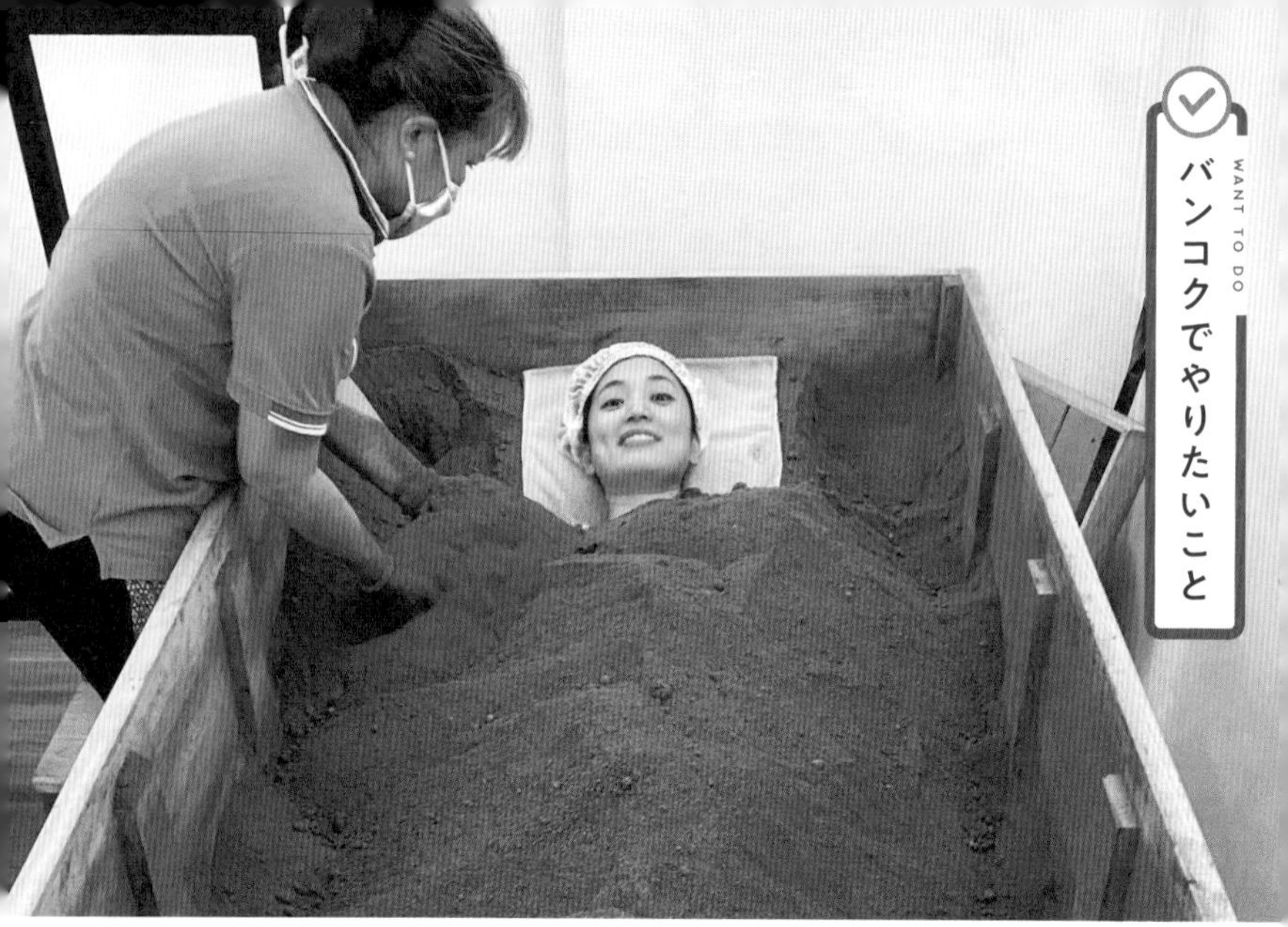

WANT TO DO

バンコクでやりたいこと

疲れた体を元気に、消極的な気持ちを前向きに、美容と買い物を楽しむ！

マッサージ、美白、脱毛、腸内洗浄など、ありとあらゆる美容を体験できるのがバンコク。最先端技術を取り入れ、衛生面も問題なく、施術者の技術も高い。かつ、日本よりも安く挑戦できるのが嬉しいかぎり。これまで私も、様々な店で美容体験をしてきましたが、マッサージならat easeがお気に入りです。

3店舗のうちの一つSukhumvit《スクンビット》 33/1 SPA & ENZYME BATHでできる、天然の米糠《こめぬか》を使った酵素風呂も人気。砂風呂のようにして米糠の中に入ると、じわじわと体が熱くなって、3分ほどで汗だくに。温熱効果と酵素の力で、2時間以上ジョギングするのと同じ効果があるそうです。なんだか、野菜になって漬けられているような気分。シャワーを浴びて米糠を落とすと、びっくりするほど肌が柔らかく、しっとりします。

また、体がすっきりとしたら、お洋服も気になるところ。at easeの別店舗Sukhumvit《スクンビット》 33 MASSAGE & SPAのすぐ近くにある雑貨店LOFTY BAMBOOがおすすめ。タイの小さな村の人たちや少数民族が作る雑貨、アクセサリー、洋服が所狭しと並んでいます。個性的なデザインも魅力！

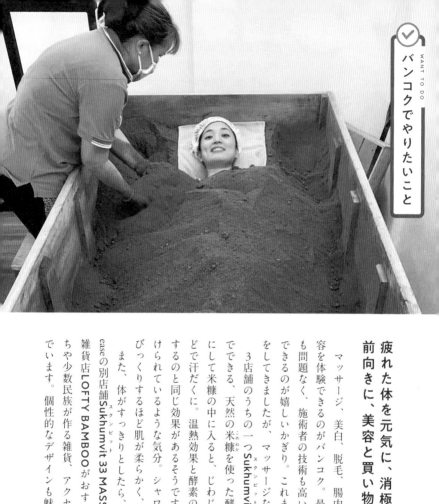

様々な美容体験に挑戦

もともとは日本発祥といわれる米糠酵素風呂。合わせて、フェイスマッサージやスパなども施術可能。at easeは店舗ごとに施術できる内容が変わるので、事前にチェックを。他のマッサージ店より少し高いですが、清潔感があり、どの店舗でも基本的に施術者のレベルが高くて失敗がないので安心。日本人経営なので日本語メニューもしっかり取り揃えてあります。男性もOK。

Sukhumvit 33/1 SPA & ENZYME BATH

🏠 Soi 33/1 Sukhumvit Rd, Bangkok 10110 Thailand
📞 092-271-8587
㊢ 9：00〜23：00
（最終受付スパ21：30・マッサージ22：00）
㊡ なし

LOFTY BAMBOO

🏠 2F 20/7 Soi39, Sukhumvit Road, Klongton Nua, Wattana, Bangkok, 10110 Thailand
📞 +66(0)2-261-6570
㊢ 9：30〜18：30
㊡ なし

Check

タイ全土の“可愛い”に出会う

LOFTY BAMBOOには、タイの村に受け継がれている手工芸の技術を世界に伝え、村の自立にもなるようにと、様々なハンドメイドの雑貨や洋服が集められています。タイをぎゅっと一つに集めたようなお店で、多彩な工芸品に出会えます。洋服も3000円程度〜と、手頃な値段。

旅のスパイスは、ときに思い切り贅沢をして憧れのホテルに泊まってみること

バンコクファンには名の知れた、タイ屈指のラグジュアリー・アーバン・ホテルThe《ザ》 Siam《サイアム》 Hotel《ホテル》。景観建築デザイナーのビル・ベンスリーが設計した、白を基調とした黒い直線の、幾何学的なデザインが美しいブティックホテルです。チャオプラヤー川沿いにあり、喧騒を忘れるゆったりとした佇まい。緑にもえる植物が随所に配され、特にメインレジデンスの吹き抜けは熱帯植物が天に向かって葉を広げ、圧巻。あたかも森の中にある別荘に来たかのように安らぎを覚えます。インテリアや装飾品にもセンスが光り、美術館さながら。

私が泊まったプールヴィラは、アジアンテイストとアール・デコ、コロニアル調が融合された優美な室内で、メインのリビングと中庭のプールエリアが印象的でした。リビングの螺旋階段を登って屋上のテラスへ出ると、滔々と流れるチャオプラヤー川が見渡せます。夕暮れには、ホテル専用のボートでチャオプラヤー川のクルージングへ。バンコクは高級ホテルに比較的安価で泊まれるのが魅力です。とっておきの旅に、贅沢で優雅なステイを味わってみてはいかがでしょう？

一度は泊まりたい夢のホテル

都会のサンクチュアリと呼ばれるほど喧騒とかけ離れ、バンコクの別空間を思わせるThe Siam Hotel。洗練された芸術的な建築、重厚で歴史を感じるアンティークの家具、センスのいい装飾。すべてが見せるために置かれている博物館のようです。チェックインからアウトまで、とことんホテルで過ごしたい！

beautiful

もちろん
料理も美味しい！

1分1秒が贅沢な時間

ホテル内にあるOpium Spa《オピウム スパ》も、また極上の体験！　メインレジデンスの地下1階にある仄暗く落ち着いた空間は、いるだけでもリラックスできます。個室のスパルームも広々として贅沢。心まで柔らかく解きほぐしてくれるような、ホリスティックなマッサージが人気です。スパメニューも多く、なかにはムエタイマッサージなども。

The Siam Hotel

3/2 Khao Rd, Vachiraphayaban, Dusit District, Bangkok 10300 Thailand

+66 2 206 6999

WANT TO DO
バンコクでやりたいこと

タイの人々の食生活に倣って、テイクアウトも楽しみたい！

バンコクを歩いていると、道端のあちこちでテイクアウト用の惣菜を売っているお店を見かけます。タイは外食文化といわれるほど、タイ人はご飯を買って帰って食べることが多いらしいのです。そのため、テイクアウト料理のレベルも高い。屋台でも基本的には持ち帰りが可能です。レストランでさえ、食べ残せば持ち帰らせてくれるほど。タイでは、都市開発が進むにつれ昔ながらの屋台が減ってきているようですが、一方でテイクアウトできる道端の安くて美味しい惣菜屋さんは健在。せっかくの旅なのでお店で食べたくなりますが、テイクアウトしてホテルの部屋で食べるのも楽しいです。地元の人向けのご飯で、容赦なく辛いこともありますが、それもいい思い出に。

あるとき、カオマンガイをランチ用にテイクアウトしてみることに。その屋台自慢のタレとチキンスープは、溢れないようにビニール袋に入れて渡されます。別の店でマンゴーや生春巻きなども買って、ホテルへ持ち帰りました。街中で気になったものを集めた、自分だけのランチメニューが完成。食後はベッドで横になれるのも、テイクアウトだからこそ！

いろんなお店を
見て回り
大満足のランチに

good

テイクアウト文化が根付くタイ

テイクアウトできるお店は、駅周辺や路地裏など至るところにあり、人気店には列ができていることも。野菜や果物が豊富にとれるタイには、健康や美容によいメニューがたくさん！　地元の人に倣って、気になるお惣菜をどんどん買ってみましょう。テイクアウト慣れしているので、お店の人のパッキング技術にも感心！

WOW!

少し冷めても美味しいタイ料理

屋台料理を屋台で食べるのは雰囲気もあって楽しいですが、時として衛生面が不安なことも。そんなときは、テイクアウトを。ホテルで食器などを借りて部屋で食べるのも楽しいひととき。冷蔵庫があれば、前日に果物やフルーツジュース、ヨーグルトなど翌朝のご飯を買い込んで、部屋でとることもあります。

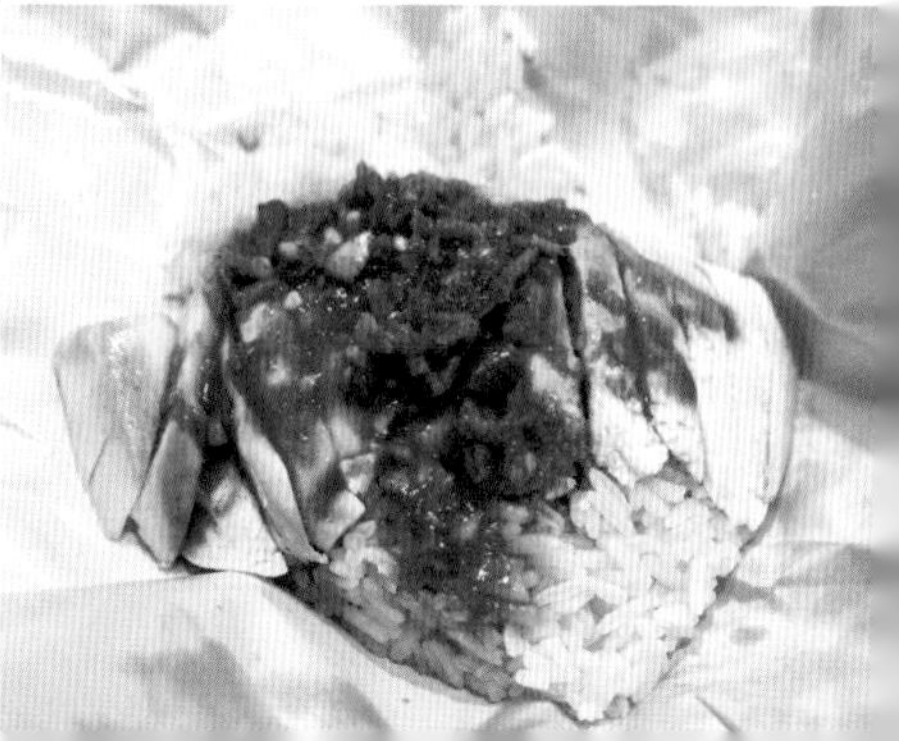

3 | DAYS

CITY / AREA

ナコーンパトム／タイ

NPT

DATA

7時間
※バンコクまで。そこから
タクシーで約1時間半。

ー2時間

バーツ
(1THB＝約4.2円)

タイ語

タクシーをチャーターして、バンコク郊外をるんるん日帰り旅

Nakhon Pathom

大都会バンコクの西側に隣接するナコーンパトム県は、市街地を抜けると途端に空気が綺麗になって、清々しい自然のにおいがしてきます。田舎の風景が広がり、のんびりとした暮らしが営まれ、バンコクの喧騒が嘘のよう。

ナコーンパトムは、インドシナ半島で最初にインドから仏教がもたらされた信仰の地。天に向かってそびえ立つ仏塔**プラ・パトム・チェディ**は世

界一の高さを誇り、今も多くの巡礼者が訪れるそうです。観光客にとっては、バンコクから日帰りで行ける距離感もよく、タクシーをチャーターすれば自由気ままに移動することができます。私は、バンコクでGrabアプリを使ってタクシーを呼び、運転手と直接交渉して1日2200バーツで気になる3箇所を巡りました。撮って、食べて、バンコクとは違う魅力を満喫！

WANT TO GO

ナコーンパトムで行きたいとこ

レッドロータス水上マーケットで、タイの民族衣装に着替えてドローン撮影大会！

タイに来たら見てみたい、水面に赤い蓮が浮かぶ風景。レッドロータスといえば北東部のウドンタニが有名ですが、距離があり行くのが大変。一方で、規模は小さいけれど、ナコーンパトムにもレッドロータスが見られる場所があります。

バンコクからタクシーで向かったのは、ナコーンパトム県の北東部にあるバーンレン郡。約1時間半かけて、到着したのは10時。蓮の花は、午前中の方が綺麗に咲くといわれています。

ボートチケットを購入すると、「タイの民族衣装はどう?」とおすすめされて、せっかくなので体験することに。ドローン撮影もお願いして、レッドロータスが咲き誇る池へと漕ぎ出しました。まるで、王家の優美な舟遊びをしている気分。ぽつぽつと大輪の花を咲かせるロータスの間を抜い、ここぞというポイントに着くと、漕ぎ手のお兄さんが「さあ、ポーズをとって!」と一挙手一投足に指導をくれ、その度に空中に止まったドローンで撮影。羞恥心は旅先の空に投げ捨て、この時間を楽しみました。ボートの後は着替えて水上マーケットをぶらりと散策。太陽がてっぺんに昇り、レッドロータスの池は煌いていました。

beautiful

1 ボート乗船やドローン撮影等のチケット売り場
2 タイの民族衣装に着替えさせてもらいます

1

2

衣装をレンタルして本気モード

まだまだ日本人観光客は少ない様子ですが、しっかりと日本語メニューも書かれていたチケット売り場。民族衣装レンタルは350バーツ、ドローン撮影は300バーツ、ボートは1人100バーツと安いので、ぜひとことん楽しんでみてください。衣装はキラキラのアクセサリーもじゃらじゃら着けてもらえて、お姫様気分を味わえます（笑）。

本格的なドローン撮影で心浮き立つ

ボートでいろんなポーズをとりながら、ドローン撮影。真横から、真上からとアングルも変えてくれて、写真はすべてスマホに送ってもらえます。写真の枚数は60枚ほどでした。元データなので、解像度も高くて嬉しい。ボートの滞在時間は20～30分。

レッドロータス
水上マーケット
(Red Lotus
Floatiing Market)

Bang Len, Bang Len District, Nakhon Pathom 73130
+66 81 259 7667
営 8：00～17：00

ナコーンパトムで食べたいもの

WANT TO EAT

火山エビレストランで、ぷりぷりのエビをたらふく食べる！

レッドロータス水上マーケットからタクシーで約45分、ナコーンパトムの中心地ムアンナコーンパトム郡市街地へ移動して、火山エビレストラン**クンオップ・プーカオファイ**に到着。1987年創業の大人気レストランで、地元客でほぼ満席でした。

お目当ては、エビの火山蒸し焼き。実は店名の「プーカオファイ」はタイ語で火山という意味。その名の通り、注文するとエビが火山型容器で運ばれてきます。そして、店員さんの「オーケー？」という合図とともに、なにやら液体を入れ、着火。すると10秒ほどですが、火山型容器のてっぺんから火が吹き出ます。まさに、噴火のよう！　演出後、蓋が取り除かれると、香ばしいエビの香りがぶわっと漂います。

肝心の味は、びっくりするほど美味しい！　パリパリの皮を剥くと、ぷりぷりの身が詰まっていて、甘辛いタレと相性抜群。炭火で焼いたエビの香ばしさも後押しして、食欲がモリモリと出てきます。ほかにカニカレーやエビのトムヤムクンなどのメニューもあり。ご飯も別で頼めます。エビは、店の生簀《いけす》で育った新鮮なものだそう。お腹いっぱいの幸せランチに、大満足！

火山の噴火を演出
香ばしいエビの山!

手は汚れますが、豪快にかぶりついて、ムシャムシャ食べる方が美味しい！　見回すと、ほかのお客さんもみんなもかぶりついています。エビは二種類あり、大きなエビは1kgで800バーツ（10匹ほど）、小さいエビは550バーツ（15匹ほど）。せっかくなので大きいエビをおすすめします！

yummy!

ナコーンパトムで外せない美食

週末になると、いつも満席で賑わうというこの店。まだまだ外国人の姿は少なく、穴場レストランかもしれません。バンコク市内から直接なら約１時間で来られるので、思い切って足を運んでみては。タイのグルメ系サイトWongnaiでも、ベストレストランとして４つ星（５つ星中）の評価をされています。

クンオップ・プーカオファイ

🏠 885 Petchkasem Rd, Sanam Chan, Mueang Nakhon Pathom District, Nakhon Pathom 73000 Thailand
📞 +66 34 255 041
㊔ 10：00〜20：00
㊡ なし

南国スイーツと骨董品、森のガーデンカフェでくつろぎ時間

グリム童話のヘンゼルとグレーテルが、森の中に迷い込んで見つけたお菓子の家。そんなイメージの**Little Tree Garden Café**は、ナコーンパトムで最もバンコクに近い、サームプラーン郡にある素敵なカフェ。木漏れ日のさす木々の中、自然に溶け込むようにして優然と佇み、森のオアシスのようです。

ガーデンのあちこちに席があるので、どこに座ろうか迷ってしまうほど。メニューも豊富で、ドリンクやスイーツのほか、タイ料理もあってしっかりと食事もできます。オープンキッチンでは、南国のフルーツをカットして、できたてのワッフルと一緒に盛り付けて……ああ、美味しそう。

スイーツをいただいた後は、広大なガーデンを散策。かつて、実際にガーデンとして使われていた敷地をカフェにしたようで、小屋や温室ハウスなども利用され、雑貨や異国の食器類が所狭しと並んで売られていました。見て、食べて、買っても楽しい森のカフェ。フォトジェニックな空間が魅力的で、タイの女子たちがあちこちで写真撮影しているのも納得。私も、豊かな午後のひとときを楽しみました。

南国フルーツを存分に味わう

マンゴー、パッションフルーツ、ドラゴンフルーツ、パパイヤなど、南国のフルーツが盛りだくさんのワッフルは写真映えも抜群。紫色の飲み物は、バタフライピーというタイのお花が原料で、美容にも良いとされています。ケーキの種類もたくさんあり、何度も訪れたいカフェ。値段はバンコクと同じくらいの都会価格です。

1 西洋のブランド食器は、どれも骨董品
2 自然に溶け込むようにあるLittle Tree Garden Café

食器、骨董品好きも訪れるカフェ

ガーデンの一角にある小屋では、雑貨類をはじめ、西洋のブランド食器や日本の骨董品などが雑然と置かれていて、じっくり見ても飽きることがありません。実際に販売しているというよりは、ガーデンの世界観を作り上げている一空間という印象。値段はそこそこしますが、見ているだけで心躍ります。

Little Tree Garden Café

🏠 43 Moo 5, Tambon Ban Mai, Amphoe Sam Phran, Chang Wat Nakhon Pathom 73110

📞 +66 81 824 4119

㊫ 9：00〜18：00

㊡ 水曜

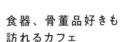

3 DAYS

CITY / AREA

+1 DAY

ムイネー

MIN

ホーチミン／ベトナム

ローカルな漁村とリゾートが共栄する砂の街

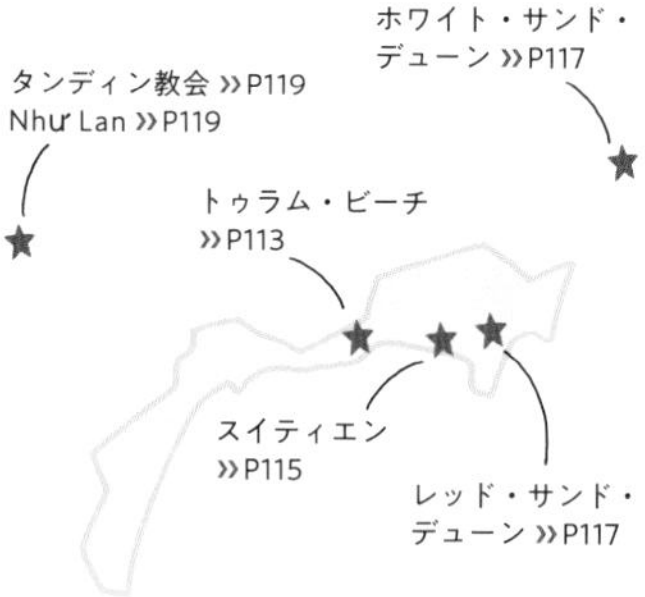

Mui Ne

DATA

6時間
※ホーチミンまで。そこからバスで3～4時間。

－2時間

ドン
（1VND＝約0.006円）

ベトナム語

ベトナム東南部のファンティエット市に、小さな漁師町のムイネーがあります。ここは、ベトナム最大級の規模をもつ二つの砂丘が広がる砂の街。白砂の**ホワイト・サンド・デューン**と赤砂の**レッド・サンド・デューン**が海のすぐそばにあり、潮風に舞う砂の世界と出合えます。

ムイネーは1990年代半ばにリゾート地として開発され、2020年に国家指定の

観光開発区となりました。大型リゾートホテルが建設される一方、漁師たちの漁船が並ぶ昔ながらのローカルな風景はほっこりとします。

一転、潤いを求めて「妖精の渓流」と名がつく**スイティンエン**へ。木々の間をさらさらと流れる渓流は水深が浅く、裸足でウォーキングできます。柔らかい赤土の砂が堆肥した川底は、歩くと気持ちがいい！

ちなみにムイネーに空港はなく、ホーチミンやニャチャンから日帰りツアーが開催されています。

穴場のリゾートで、昔ながらの漁村風景を楽しむ！

ホーチミンからバスで3～4時間のムイネーは、ビーチリゾートの街として近年知名度が上がっています。リゾートホテルが建つ目前の美しい海では、観光客が海水浴を楽しんでいます。一方、地元の人たちにとっては大切な漁場で、いくつものビーチが「フィッシング・ビレッジ」と呼ばれています。

日中、ゴルフ場（Sea Links Golf Country Club）の近くにある**トゥラム・ビーチ**へ行くと、浜辺に丸いタライ型のボートが所狭しと置かれていました。丸船ともいわれる、ベトナム伝統漁船の一つです。軽そうに見えて重量があり、数人で手押しして移動させるそう。漁法は、主に漁網を使って獲ることが多いようです。早朝は、朝焼けの空の下、タライ船が海にずらりと浮かぶ幻想的な光景にも出くわせるのでおすすめ。漁が終わった後は、タライ船の中に漁具をしまってそのまま放置。おかげで、日がな一日漁村らしい景色が見られます。

街中にはシーフードレストランが多く、店内に置かれた生簀には朝獲れた魚介類が種類別に入れられ、量り売りされています。店内で調理してもらって、海の幸を味わいましょう。

トゥラム・ビーチ
(Bãi biển Tu Lam)
🏠 khu phố 1, Thành phố Phan Thiết, Bình Thuận
㊔ 24時間
㊡ なし

早朝と日中で異なる風景が見られる

ムイネーは白砂のビーチが続き、海水浴場として人気上昇中。朝、漁師たちが漁業を終えた海は、観光客のために明け渡されるかのごとく、多くの人が海水浴を楽しんでいました。国内旅行者が多く、日本人とはほとんど出会いませんでした。

漁村ならではの魚介類の露店市

漁の後は漁師やお母さんたちによる露店市が開かれます。ロブスターやカニなど、その場で新鮮な魚介類を購入して、焼いて食べることもできるそう。貝類は、お母さんたちが磯で採ってきたもののようです。

pick up

妖精の棲む赤い渓流をウォーキングする！

古来、美しく厳しい自然の姿は、人智を超えた存在が創り出したとか、棲んでいると考えてきた国や街は多くあります。ベトナムでは、渓流や小川などは「妖精でなければ作れない」「妖精が棲んでいる」と考えられてきたそうで、ムイネーにも**スイティエン**（妖精の渓流）と名付けられた渓流があります。

スイティエンの入り口は街中のヒュイントゥックカン通りにあり、道路から川へ降り、いきなり川へ入って渓流ウォーキングがスタートします。自然保護のため、必ず裸足で歩かなくてはいけませんが、周囲の赤土や石灰岩が砂状になって堆積された川底は柔らかく、水位も浅いので歩きやすい。むしろ、ふかふか、さらさらとして気持ちいいほど。熱帯の木々がトンネルをつくり、その隙間から木漏れ日が差し込んで水面がキラキラと揺れ、妖精が乱舞しているようでした。渓流を奥へ進むと、やがて赤土と白色の山肌がマーブル状に見え、川の色はより赤くなっていきます。白色の山肌は雨風によって侵食された石灰岩で、見事な造形。渓流ウォーキングは片道1㎞ほどですが、様々に表情を変える自然の景観は見応え十分です。

裸足で川を歩いてリトリート

ただ川を歩くだけではなく、川にせり出した土産物店でココナッツを飲んだり、川の途中にある小さな動物園（Vita Garden Mini-Zoo）に入ってみたり、観光地としても楽しませてくれました。動物園にはワニやサル、ウサギがいて、餌をあげることができます。ちなみに、スイティエンは日照りが続いても涸れることのない川なのだそう。

赤と白の山肌と青い空のコントラスト

赤と白のマーブル模様になった山肌が続き、長い歳月をかけて削られて渓谷をつくり出したことがわかります。途中、赤い砂丘があり、登ると渓流を見下ろすことができます。基本的に川の水位は浅いですが、奥の方は膝上くらいまで深い場所もあるので、服装には注意を。

スイティエン（Fairy Springs）
㊎ 40B Huỳnh Thúc Kháng, Phường Hàm Tiến, Thành phố Phan Thiết, Bình Thuận
㊢ 6：30～17：30
㊡ なし

WANT TO DO
ムイネーでやりたいこと

ベトナム最大の砂丘をバギーで疾走する！

　美しい砂紋が続く砂丘は、風に乗って運ばれた砂が海辺に堆積されて大きな砂の丘になったもの。ムイネーには、黄土が混ざった赤砂の**レッド・サンド・デューン**が市内にあり、40㎞ほど離れた海辺に白砂の**ホワイト・サンド・デューン**があります。

　おすすめは、広大なホワイト・サンド・デューン。バギーに乗り、自らハンドルを握って、砂の大地を疾走すると、気持ちがいい！　道なき道ですが、ガイドが一緒に乗るので、迷うことはありません。砂丘の稜線が幾重に連なり、砂の惑星とも思える景色に旅情が胸に込み上げてきます。かつて地元の漁師たちも、この砂丘を越えて、魚を運んだのかもしれません。

　バギーを降りて、砂に足をとられながら砂丘を登ると、海や湖、風車が見えました。これほどの砂が風に乗って運ばれてくるなんて不思議ですが、おそらく風化して砂状になった石灰岩が長い歳月をかけて移動してきたのでしょう。今後、砂の面積が広がるのか、緑が勢いを増して小さくなるのかわかりませんが、一期一会の自然の姿をしっかりと目に映し、全身に砂を浴びながら自然に溶け込んできました！

砂漠と見紛う広大な砂丘で
バギーのレンタルを

バギーのほか、ジープに乗ることも可能で、地元のガイドが運転してくれます。砂丘はとにかく日差しが強く、日焼け&熱中症対策を忘れないように！　また、風に乗った砂が容赦なく全身に吹いてくるので、カメラなどは注意が必要。

ホワイト・サンド・デューン
(White Sand Dunes)
🏠 Hoà Thắng, Bắc Bình District, Bình Thuận, Vietnam
㊖ 5：00〜18：00
㊡ なし

夕日鑑賞なら
レッド・サンド・デューン

レッド・サンド・デューンでは、ソリをレンタルして砂丘を滑るアクティビティが人気。アクセスも良く、夕日鑑賞スポットとしても人気です。砂丘の稜線や砂紋の美しさでは、個人的にはホワイト・サンド・デューンに軍配が上がります。

Check

レッド・サンド・デューン(Red Sand Dunes)
🏠 01 Hòn Rơm, ĐT716, Mũi Né, Thành phố Phan Thiết, Bình Thuận, Vietnam
㊖ 24時間
㊡ なし

WANT TO DO

ホーチミンでやりたいこと

+1 DAY

ベトナム最大の喧騒都市ホーチミンで、トランジット時間も満喫！

南ベトナム最大の空の玄関口として、観光客やビジネスマンなどを多く受け入れるホーチミン。第二次世界大戦後は、南ベトナム（旧ベトナム共和国）の首都でサイゴンと呼ばれていました。現在も、「サイゴン」という名のついた店やホテルを見かけます。１９７６年にベトナムが統一した後は、経済の中心地としてベトナム最大の都市ホーチミンとなりました。

ホーチミンは国内各地への乗り継ぎ便も多く、トランジット時間を有効活用すれば旅の充実度もアップ。空港からホーチミン市内までは、タクシーで片道30分ほど（ただし朝や夕方の通勤時間は倍かかることも）。

あえてトランジットで数時間とって、市内へと繰り出してみませんか。あまり時間がない場合は、渋滞の激しい中心地より空港近くにあるピンク色の**タンディン教会**がおすすめ。教会近くのお店でバインミーを買って食べたり、ベトナムコーヒーを飲んだり。道路を埋め尽くすオートバイの多さは圧巻で、ベトナム名物ともいえる景色が見られます。市内に1時間いるだけでも、熱帯アジアの活気と喧騒のホーチミンを味わえるはず。

可愛らしいピンクの教会を撮る

ハイバーチュン通り沿いにあるタンディン教会は、1876年にフランスの占領下に築かれたゴシック様式の教会で、市内ではサイゴン大教会に次ぐ大きさ。教会内部もピンク色。ミサの時間以外は内部の見学は不可。向かいのカフェから教会を見ることもできます。近くにはタンディン市場もあります。

タンディン教会

🏠 289 Hai Ba Trung street,ward 6,District 1,Ho Chi Minh city,Vietnam
📞 +84-28-3829-0093
㊜ ミサの時間（平日5：00／17：30　休日5：00／6：15／7：30／9：00　／16：00／17：30／19：00）
※12：00〜14：00は敷地内に入れません。
※水土日のみ開催

yummy!

本場でバインミーとベトナムコーヒーを

地元の人おすすめのバインミーの店Như Lan《ニュー ラン》はハイバーチュン通り沿いにあり、教会から歩いて3分ほど。パンとハムが美味しい。ベトナムコーヒーで有名なCONG《コン》 CAFÉ《カフェ》は教会の向かい。空港へ戻る際は、カフェのスタッフにお願いしてタクシーを呼んでもらうと、ぼったくりにもあいにくく安心。

Như Lan

🏠 363-365, 367 Hai Bà Trưng, Phường 8, Quận 3, Thành phố Hồ Chí Minh, Vietnam
📞 +84-938-270-562
㊜ 4：00〜23：00
㊡ なし

3 DAYS

CITY / AREA

ダラット／ベトナム

DLT

アジアの喧騒を忘れる牧歌的な高原都市

DATA

8時間
※ホーチミン乗り換え

−2時間

ドン
(1VND＝約0.006円)

ベトナム語

標高1500mの高原都市ダラットは、ベトナム人カップルのハネムーン地として人気がある街の一つ。19世紀末のフランス植民地時代に避暑地として開発されました。ダラットのリエンクオン空港から市内までは、唯一の移動手段であるタクシーに乗って約45分。静かな山道をくねくねと抜けていきます。熱帯アジアの喧騒が嘘のように穏やかで、牧歌的。道中、鈴なりの

実をつけている珈琲の木がいくつもあり、農園への訪問も可能です。

市内に入ると、箱庭のように可愛らしい街並みが出迎えてくれます。お目当てのホテルは、ダラット名物の**クレイジーハウス**。ベトナム人建築家が設計した摩訶不思議なホテルで、日帰り客も多く訪れる観光地でもあります。夜は、ベトナム人も好きだというスチームサウナを体験。汗をたくさん流してスッキリと旅の疲れを落としました。

奇想天外のテーマパークホテルに泊まって探検する！

どこかにベトナム人建築家が手がけた面白いホテルはないかと調べていたときに、1990年に開業したダラットの**クレイジーハウス**を見つけて宿泊しました。パッと見た印象は、スペインの建築家アントニオ・ガウディの建築。直線や直角がほぼなく、有機的なフォルムをしていて、「動け！」と唱えれば今にものそりのそりと動き出しそうなホテルです。実際にホテルを手がけた女性建築家のダン・ヴィエト・ガーは、ダラットの豊かな自然環境とガウディ建築からインスピレーションを得たといわれています。開業当時から賛否両論あるそうですが、いつしか「クレイジーハウス」と呼ばれるようになったとか。

ホテル内は蟻の巣のように道が分かれ、すぐ方向を見失ってしまいそう。全体的に見られるデコラティブな装飾は、もはや建築を超えたポップアートの世界。最上階まで上ると、ダラットの美しい街並みが一望できます。

日中、人の多かったホテルは、夜になると静寂に包まれ、いよいよ奇怪なものが動き出しそうな気配がします。どきどき、わくわくとした思いができたのも宿泊者の特権でした。

もはや芸術作品 唯一無二の世界観

10室ある客室は「タカの部屋」「竹の部屋」など各テーマがあり、私が泊まった「熊の部屋」は部屋の中央に熊の彫刻がどんと置かれていました。なんと、夜は暖炉に早変わり。スタッフが熊の足元に薪を入れて着火してくれました。童話の世界に入り込んだような気分に。

クレイジーハウス

03 Đ. Huỳnh Thúc Kháng, Phường 4, Thành phố Đà Lạt, Lâm Đồng 66115 Vietnam

+84-263-3822-070

㊔ 8：30〜18：00（日帰り訪問の場合）

㊡ 国慶節

見るものがたくさんで
時間が足りない！

Cool

WOW!

日帰り訪問も可能 夜は宿泊者のみ

自然の美しさ、面白さ、奇怪さがダイレクトに伝わるホテルで、海の世界を表現したホールもあります。クレイジーハウスの正式名称は、ハン・ガー・ゲストハウス。建築家のガーは、設計というよりは構想を絵に描いて、職人たちと作っていったそう。まさしく、おとぎの国です。

コーヒーの名産地でジャコウネコまで50㎝に迫る！

ベトナムはブラジルに次ぐ世界市場第2位のコーヒー豆輸出国。ダラットが属するラムドン省の高原地帯が主な産地です。インドネシア発祥とされるジャコウネコのコーヒー「コピルアク」も生産されています。希少で生産に手間がかかることから世界で最も高級といわれ、偽物も多く出回っているそうです。

ダラット郊外のコーヒー農園**メーリンコーヒーガーデン**では、100％本物のコピルアクが飲めるばかりでなく、ジャコウネコにも会えるというので嬉々として向かいました。入り口で園内を自由に散策できる「観光チケット付きのコーヒー代」を支払い、コピルアクのアラビカ種をオーダー（数種類から選べます）。その前に、まずはジャコウネコのいる飼育エリアへ！

スタッフによると、1頭につき一つのケージが置かれ、現在40頭ほどのジャコウネコがいるそう。体の大きさや、すやすやと眠る仕草や寝相は、猫そのもの。顔つきはイタチに似ていて、英語ではイタチ（WEASEL）コーヒーと呼ばれています。触らず、怖がらせないぎりぎりまで接近を試みること、およそ50㎝まで近づけました！

豊かな自然の中にコーヒー農園

市内から西へ約17km、タクシーで約30分のメーリンコーヒーガーデンは、2011年から運営しており、当初からモカ、アラビカ、ロブスタの主要3種類のコーヒーを含む広大なコーヒー園だったそうです。年間生産は40トン。コーヒー以外にフォトスポットも多くあり、少数民族の雑貨販売などもしています。

希少なコーヒーを味わってみて！

point

飲んで買えるコピルアク

コピルアクはインドネシア語で、ベトナム語では「カフェチョン」といいます。ジャコウネコにコーヒーチェリーを食べさせ、フンに残った未消化の豆を集めて洗浄し、パーチメント（豆の外側に付いている殻）を分離した後に焙煎します。この農園では、飼育から直接加工、焙煎まですべて行っています。

メーリンコーヒーガーデン
(Me Linh Coffee Garden)
住 Tổ 20, Thôn 4, Xã Tá Nung, Đà Lạt
☎ +84-919-619-888
営 7：00〜18：00
（日曜は18：30まで）
休 なし

果物や野菜、牛乳、特産品の素材をまるごと味わう！

ダラットは年間を通して平均気温が20℃前後と涼しく、その気候を生かして果物や野菜も多く栽培しています。中でも、国内随一のイチゴの産地。郊外のイチゴ農園では、日本やアメリカなど世界各地の品種を栽培しているそうで、イチゴ狩りも人気。

アボカドやアーティチョーク、サツマイモなども特産品で、ドライフルーツやお茶に加工されて、市内のダラット市場や土産物店などで売られています。アーティチョークを使ったお茶はすっきりとした甘さで、美容効果が高いと人気。また、食物繊維を多く含み、肝機能の働きを促進する効果があるため、ベトナムでは飲酒後や暴飲暴食した後に飲む習慣があるとか。

そのほかダラットミルクも有名で、全国のスーパーマーケットなどで気軽に買えます。もともとベトナムでは牛乳を飲む習慣がなく、フランス植民地時代にフランスが乳牛を輸入して、ダラットで飼育を始めたそう。

特産の食材を使った料理を食べるのも良いですが、ドライフルーツやフレッシュフルーツジュース、ダラットミルクなど、自然の味をそのまま気軽に試してみるのもおすすめです。

高原都市で育った食材を楽しむ!

ダラットでの朝食には、宿泊したクレイジーハウスの向かいにある洋食カフェ**Le Chalet Dalat**で、特産のアボカドをたっぷりのせたパンとフレッシュフルーツジュースをいただきました。白いドラゴンフルーツはすっきりとした甘さ。ベトナム料理以外が食べたいときにもおすすめのカフェです。

SWEET

甘味があって濃厚!
なんと砂糖入りも

Le Chalet Dalat

🏠 6 Huỳnh Thúc Kháng, Đà Lạt, Việt Nam, Đà Lạt, Vietnam
📞 +84-32-783-3799
営 7:00〜17:00(日〜木)、7:00-21:00(金、土)
休 なし

L'ang farm Store Trương Công Định
(写真の店舗)

🏠 67 Đường Trương Công Định, Phường 1, Thành phố Đà Lạt, Lâm Đồng
📞 +84-263-3663-888
営 7:30〜22:30
休 なし

Check

ダラット特産のお土産に最適

ダラット市内でよく見かける自然系健康食品の店の**L'ANG《ラング》 FARM《ファーム》**は、ダラット特産をコンセプトに、お茶やドライフルーツ、ドライ野菜、ジュース、コーヒー類などを扱っています。店内ではアーティチョークのお茶を試飲させてもらえます。

3 DAYS

CITY / AREA

タシケント／ウズベキスタン

TSK

ユーラシア大陸のど真ん中 中央アジアの文化と歴史に出会える街

Tashkent

DATA

9時間

－4時間

スム
（1UZS=約0.012円）

ウズベク語

二重内陸国であるウズベキスタンの首都タシケントは、シルクロードの交易路にある中継地として重要な役割を果たしてきた街です。モンゴルや帝政ロシア、旧ソ連の侵略、大震災など、幾度となく絶望に見舞われながらも、その都度復興を遂げてきました。

現在は、中央アジアの経済都市として栄える一方、美術館では歴史や文化を後世に伝え、市場や食堂では気取らな

い地元の人たちの暮らしが営まれ、観光の玄関口として賑わいを見せています。
　日本人は2018年よりビザが不要となり、とても行きやすい国となりました。地元の人が愛してやまないピラフのような郷土料理プロフを食べたり、地方から集められた工芸品を物色してみたり。果てなく広がるユーラシア大陸のど真ん中へ、足を運ぶだけでも心躍ります。

中央アジアの文化にどっぷり！

WANT TO EAT

タシケントで食べたいもの

ソウルフードを食べて、ウズベキスタンの歴史と人に触れる

プロフは、ウズベキスタン人が愛してやまないソウルフードの一つで、ピラフのようなもの。フライパンのようなカザンと呼ばれる鍋を使って、牛肉や羊肉をたっぷりの油で炒め、米や野菜を入れて蒸らします。驚くのは、一度に作る量の多さ！ 巨大なカザンで、何十人分も作る豪快さです。

タシケントでは、**中央アジアプロフセンター**の特大カザンで作るプロフが有名。料理人のおじさんが長さ2mほどのレードルで米をかき混ぜていました。見学しているとレードルを渡され「ちょっとやってみなよ」と嬉しいお誘いが。喜んで挑戦しましたが、お、重い……！ 食堂は地元の人たちで溢れ、すごい活気。名物のナン（焼きパン）と一緒にプロフを頬張る人たちに混ざって、いざ。ジューシーな羊肉と油をまとったお米は、ずしりとお腹にたまり、足元から元気が湧いてくる感じ。

プロフの歴史はとても古く、紀元前300年頃には国内で食べられていたといわれています。ソウルフードを味わいながら、いにしえの人もこんなふうに大勢で食べていたのかしらと想像して、悠久の時の流れさえも噛みしめました。

excite

大きな鍋で一気に作るよ

店や街により異なる味で食べ比べもしたい！

中央アジアプロフセンターでは、野菜を炒めるカザン、羊肉を炒めるカザン、米を炊くカザンと分け、最後に一緒に混ぜていました。レーズンも入っているので甘じょっぱくて美味しい。プロフの作り手は基本的に男性が担当して、結婚式や誕生日にも欠かせない料理なのだそう。街によって具材や味が異なるので、プロフを巡る旅も楽しそう。

安くて旨く、ボリューム満点！

お昼時は満席との噂で、時間をずらして行きましたが、それでもほぼ満席の中央アジアプロフセンター。プロフは、一皿でもかなりボリューミー。朝から仕込んで、なくなり次第終了するところが多いようです。朝食かブランチ、ランチに訪れるのが無難かも。ちなみに、ウズベキスタンではイスラム教が主流ですが、ロシア支配の影響でお店でもお酒を提供しているところが多くあります。

WOW!

中央アジアプロフセンター
1 Iftixor ko'chasi, Toshkent Uzbekistan
+998-71-203-9444
9：00〜23：00
（変更の可能性あり）

淡い極彩色の美しい美術館で、ウズベクの工芸品を愛でる

ウズベキスタンはシルクロードの交易路であったため、古くから各地で交易品となる工芸品が作られてきました。**ウズベキスタン国立応用美術館**には地方の工芸品が一堂に集まり、一見して各地の工芸品の違いや美しさを堪能できます。

もとは１９０７年に建造されたロシア公使の私邸で、幾何学的でイスラミックなデザインがとにかく美しい建物です。職人が手がけた緻密でデコラティブな壁や柱は、淡くて優しい青やオレンジ、緑、ピンクといった極彩色に彩られアート作品のよう。絨毯や陶器類などロシア公使のコレクションしたものが約４０００点も展示されています。

併設のショップでは質のよい工芸品が売られているので、土産物を探すのにも最適。インテリアのように飾られている工芸品はほとんどが売り物です。雑然と置かれているようでも、麗しきウズベキスタンの国柄を表現するかのごとく一つの世界観を生み出しています。許された時間を最大限使って、宝探しのようにじっくりと一期一会の出会いを楽しみました。地方で工芸品を巡る予定なら、最初に立ち寄っても旅が楽しくなりそう！

ウズベク最高の工芸品を見る

美術館に展示してある伝統的な刺繍を施した布・スザニや、絨毯のコレクションは必見。まるで絵画のようです。その後ショップへ行くと、まんまと工芸品を買いたくなります(笑)。所狭しと置かれた工芸品は、見ているだけでも異国情緒満点。値段も適正価格とされていて、クオリティは良いものが多く、一点ものばかり。

見応えのある
コレクションたち

配車サービスを利用すると便利

beautiful

市内の移動には、「Yandex Go」という配車サービスアプリを使うと楽ちん。ネット環境が必要なので、空港でSIMカードを買っておきましょう。地元の人たちは英語はほとんど話さず、ウズベク語もしくはロシア語を使います。タクシーの運転手やホテルのスタッフは、翻訳アプリを駆使してくれる人が多かったです。

ウズベキスタン
国立応用美術館

5 Rakatboshi ko'chasi, Tashkent 100031 Uzbekistan
+998 71 256 40 42
9：00〜18：00
㊡ なし

ウズベキスタンの暮らしを垣間見て、プチプラ土産をゲットする

旅先で現地の暮らしや食文化を垣間見るのが好きで、必ず立ち寄るのがスーパーマーケットや商店、ショッピングモール。家族や夫婦、友達と連れ立って買い物している現地の人の様子を見るのも楽しく、普段の生活が窺い知れるので興味深い。

首都タシケントでは、新しい大型ショッピングモールがどんどん建設されています。中でも**サマルカンド・ダルヴォザ**というモールは5階建てで国内最大規模を誇り、地下鉄の駅から徒歩10分ほどと立地も良し。ウズベク流最新のファッションアイテムを扱う店もあり、若者が買い物する姿も見られます。

1階の大型スーパーマーケット**マクロ・スーパーマーケット**では生鮮品、生活雑貨、土産物にもってこいのお菓子やお茶など、ウズベキスタンの暮らしに必要なものがぎゅっと詰まっています。プチプラ土産を大量買いするのにおすすめ!

ハチミツ売り場では、販売員の女性が味見させてくれて、ついついお土産に買ってしまいました。5階はフードコートになっていて、中華やピザなどもあり、ウズベク料理以外が食べたくなったときに利用してもよさそう。

SWEET

このモールで
全部揃う！

ウズベクの流行もわかるモール

サマルカンド・ダルヴォザの中は２階から吹き抜けになっていて、人気の**ブラックベアコーヒー**があります。ウズベキスタンらしいお土産なら、１階のマクロ・スーパーマーケットにある量り売りのお菓子がおすすめ。飴やチョコなどを、包みの柄や色で選ぶのも楽しい。旅に持ち忘れたものがあっても、モールで大体手に入りそう。

＊ウズベキスタン情報＊

- ウズベキスタンはほぼ現金社会（2024年現在）。クレジットカード可能と言われても、故障していることが多いので、現金は多めに持参を。アメリカンドルは使えます。両替は、銀行でもホテルでも統一レート。
- 2018年から条件を満たせばビザが不要に。
- ホテルでは毎回滞在登録証を必ずもらうように。出国審査の際に必要となる場合も。

オーガニックグッズがイチオシ

２階にある**スカイビューティ**は、2016年創業のオーガニックコスメティックブランド。植物油や泥、塩、花、ハーブなどを使ったナチュラルスキンケアグッズを販売しています。顔や髪、全身に使えるものからベビー用のものまであって、お土産に大量購入しました。使用感も香りもいいので、おすすめ！

サマルカンド・ダルヴォザ
(Mall Samarkand Darvoza)

Samarqand Darvoza, 5a Samarqand Darvoza ko'chasi, Toshkent, Uzbekistan
+998 71 205 00 55
営 9：00〜22：00（月、火、木）、9：00〜20：00（水）、9：00〜23：00（金）、8：00〜23：00（土）、8：00〜22：00（日）

Check

COLUMN

事前に現地ツアーを予約して、楽ちん旅！

VELTRAやKKdayといった現地オプショナルツアー・アクティビティの予約サイトを使うと、現地での手間が省け、現地では得られないマニアックなツアーまで情報収集できます。VELTRAには世界150カ国以上のツアーなどが掲載されています。台湾発祥のKKdayは、主にアジア旅行者向けに提供しており、日本人の週末海外旅に使いやすい印象。

私は、KKdayで朝鮮半島の南北境界線（38度線）ツアーを申し込み、日本語を話すガイドさんの案内で参加することができました。また、ソウルから韓国高速鉄道KTXの予約をして、窓口で切符を買う時間を省きました。行列ができる人気飲食店の予約もできます。

グアムへ行く際には、KARERAショーの席の予約をVELTRAでしたところ、レストランANEMOSを予約すると食事の料金が半額になるという「セット割り」を発見し、早速活用。ツアー以外では、グアムで使えるeSIMをKKdayで購入しました。

体験談の口コミがあるので、評判は一目瞭然。参考にしてツアーの申し込みをしましょう。支払額の1%などポイントが貯まり、次回の支払いに使えるのも嬉しい！

KKday

VELTRA

有休や長期休暇で行く海外

4-5 DAYS

ヨーロッパや中南米だって、行こうと思えば
4～5日で旅できます！　時間がタイトな分、
“これだけする”ことを決めて行くとよし！

4 DAYS

CITY / AREA

プラハ

PRH ／ チェコ

スラブ民族の歴史と文化を色濃く伝える芸術の街

DATA

17時間
※直行便なし

－８時間
（夏は－７時間）

コルナ
（1CZK＝約6.6円）

チェコ語

1000年以上の歴史を誇るプラハは、中世ではローマやコンスタンティノープルと並ぶヨーロッパ最大の都市で、神聖ローマ帝国の首都でした。街は、ヴルタヴァ（モルダウ）川が通り、東西を二分しています。6世紀後半にスラブ民族がヴルタヴァ川の畔に集落を形成し、やがて南、西、東へと分かれますが、チェコ人の祖先はスラブ民族です。

プラハでは、チェコの作曲

美しい建物が残る
芸術の街を
心ゆくまで堪能！

家ベドルジハ・スメタナや画家アルフォンス・ミュシャの芸術に触れ、チェコ人の根底にあるスラブ民族の誇りや祖国への強い思いを感じることができます。

1992年に世界文化遺産に登録された歴史地区は、空を突きさす尖塔が多く、「百塔のプラハ」と呼ばれています。また、度重なる戦禍のときも被害が少なく、様々な時代の歴史的建造物が建ち並ぶため、「ヨーロッパの建築博物館」とも呼ばれています。

プラハでやりたいこと
WANT TO DO

歴史的建造物で、オペラを鑑賞したい！

作曲家ベドルジハ・スメタナが制作した連作交響曲「我が祖国」は、祖国チェコの歴史や風景、スラブ民族の誇りが表現されているといわれています。チェコの歴史は波乱万丈で、スラブ民族のモラヴィア王国やボヘミア王国などは、やがて神聖ローマ帝国やオーストリア帝国、ナチス・ドイツ、ソ連などの支配や影響下に置かれ、栄華と受難の道を辿ってきました。

1968年にチェコスロバキアで民主化運動「プラハの春」が起こり、1993年にチェコスロバキアが解体。**プラハ市民会館**でチェコ共和国誕生の宣言がされました。

市民会館のスメタナホールはプラハ交響楽団の拠点で、「プラハの春音楽祭」の会場の一つ。音楽祭は、スメタナの命日である5月12日に「我が祖国」の演奏をもって始まります。

国民のアイデンティティと独立の象徴として、「チェコ語によるチョコ人のための舞台」として建設された**国民劇場**は、1881年にスメタナのオペラ「リブシェ」を初演にスタート。現在もオペラやバレエなどが公演されています。言葉はわからなくても手頃な価格なので、初めてのオペラ鑑賞にもおすすめ！

国民劇場

Národní 223/2 110 00 Praha 1, Czech Republic
+420 224 901 448
営 10：00〜18：00（チケットオフィス）
休 なし

初心者でもさくっと社交場体験

国民劇場は庶民派の劇場といわれますが、正装した観客が多く、おしゃれして行きたい所。幕前や幕間にシャンパンなどを嗜む人たちもいて、社交場のような雰囲気です。チケットはネット購入が楽ちん。Prague Ticket Officeというサイトで公演予定をチェックし、チケット購入を。

great

市民の誇りを感じる歴史的建造物と音楽

アール・ヌーヴォー様式が見事なプラハ市民会館は、ガイドツアーへの参加で内部を見学でき、ミュシャが装飾した「市長の間」も見られます。夜は、頻繁にクラシックコンサートなどを開催。私は、市民会館の「Sladkovsky Hall」で行われたミニコンサートで、ヴィバルディの『四季』を鑑賞。

プラハ市民会館

Náměstí Republiky 5, 111 21 Staré Město, Czech Republic
+420 222 002 101
営 チケット販売時間／10：00〜19：00（内部見学ツアーのチケット窓口）
※ネット予約も可
休 不定日
※写真撮影には別途料金がかかります

アルフォンス・ミュシャの世界に浸りたい!

1860年、オーストリア帝国下のモラヴィア（現在のチェコ東部）で生まれたアルフォンス・ミュシャは、アール・ヌーヴォーを代表する芸術家の1人。2017年、彼の全20点からなる超大作『スラブ叙事詩』が東京の新国立美術館で世界初公開され、その年国内最多の入場者数を記録しました。

ミュシャはフランスで活動していた1895年に、舞台女優サラ・ベルナールの芝居用ポスターを制作したことで、世に名を馳せました。チェコに戻った後も多くの作品を制作。そして第一次世界大戦後、ハプスブルク帝国からチェコスロバキアが独立する頃、ミュシャは「古代、スラブ民族は統一民族であった」という思想を基に、約16年かけてスラブ民族の神話や伝承を描いた『スラブ叙事詩』を制作。その時期に、国章や紙幣のデザインやプラハ市庁舎の装飾なども手がけ、祖国への思いを喚起させる数々の作品を制作しました。プラハでは、プラハ城内にある**聖ヴィート大聖堂**のステンドグラスや**ミュシャ美術館**などでミュシャの作品が見られます。彼の作品を通じて、芸術の背景にある民族の誇りや波乱の歴史に思いを馳せました。

聖ヴィート大聖堂

🏠 III. nádvoří 48/2, 119 01 Praha 1-Hradčany, Czech Republic
📞 +420-224-372-434
営【4～10月】9：00～17：00(月～土)、12：00～17：00(日)【11～3月】9：00～16：00(月～土)、12：00～16：00(日)
休 12/24

美しいミュシャの大作を教会で

ミュシャのステンドグラスが見られるプラハ城の聖ヴィート大聖堂は、チェコが誇るゴシック様式の教会の最高傑作。現在の大聖堂は、14世紀にボヘミア王のカレル４世（神聖ローマ皇帝カール４世）により建設が始まり、完成したのは20世紀のこと。地下には歴代ボヘミア王のお墓があります。

beautiful

ミュシャグッズは美術館で買う

ミュシャ関連の土産物を買うなら、ミュシャ美術館がおすすめ。ミュシャの作品も多く展示され、土産物の種類も充実しています。プラハでは現在大規模な再開発プロジェクト「サヴァラン」が進み、『スラブ叙事詩』の恒久展示施設がその中心的な存在になるそうです。施設の設計はヘザウィック・スタジオが手がけ、2026年完成予定。

ミュシャ美術館

🏠 Panská 7, 110 00 Nové Město, Czech Republic
📞 +420-224-216-415
営 10:00～18:00
休 なし

日帰りでブルノへ行き、ミース・ファン・デル・ローエの建築を見る！

　プラハから列車やバスで2時間半ほどのチェコ南東部に、第二の都市ブルノがあります。プラハだけでも見所満載ですが、近代建築に興味があるならばブルノの**トゥーゲントハット邸**は見逃せません。近代建築三大巨匠の1人とされるドイツ人建築家ミース・ファン・デル・ローエが手がけた個人の邸宅で、見学できます。美しい空間設計と機能美を追求した作品として、多くの建築家に影響を与えています。

　邸宅は、チェコスロバキア時代にミースがブルノの実業家フリッツ・トゥーゲントハットから依頼を受け、1930年に完成。しかしナチス・ドイツの侵攻により、ユダヤ系のトゥーゲントハットは邸宅を去ることになり、数年しか居住していないそうです。その後、ドイツ軍やロシアに占領され、1955年にようやくチェコスロバキアの国有となりました。2001年に世界文化遺産に登録されています。

　現在の邸宅は、占領時に荒らされた邸宅を当時と限りなく同じ建材を使って修復した姿。内部見学は、ガイド付きツアーのみ。事前予約を忘れずに！

ガイドツアー参加で内部を見学

部屋の中はシンプルで、メインリビングルームは柱や家具を使って部屋が仕切られるような工夫が施され、連続する一つの空間に。ミースがデザインした椅子もあり、フォルムの美しさに見惚れてしまいます。ガイドツアーはベーシックとエクステンドがあり、邸宅全体を見学するならエクステンドに参加を。

Cool

後世の建築界に影響を与えた家

邸宅は壁全体が大きなガラス窓に囲まれ、自然光がさんさんと入り、中と外の境目がないような設計。自動で開閉する窓や冷暖房など、当時では最先端の装置を組み込み、機能性と快適性を追求したようです。開館時間中は、ヴィラのテクニカルフロアにある庭園と展示物はガイドなしの無料見学が可能です。

good

トゥーゲントハット邸
Černopolní 45, 613 00 Brno, Czech Republic
(+420)515 511 015
営 9：00〜17：00
休 月曜

4 DAYS

CITY / AREA

ニース

NIC／フランス

太陽の街で、シャガールとマティスの軌跡に触れる美術館巡り

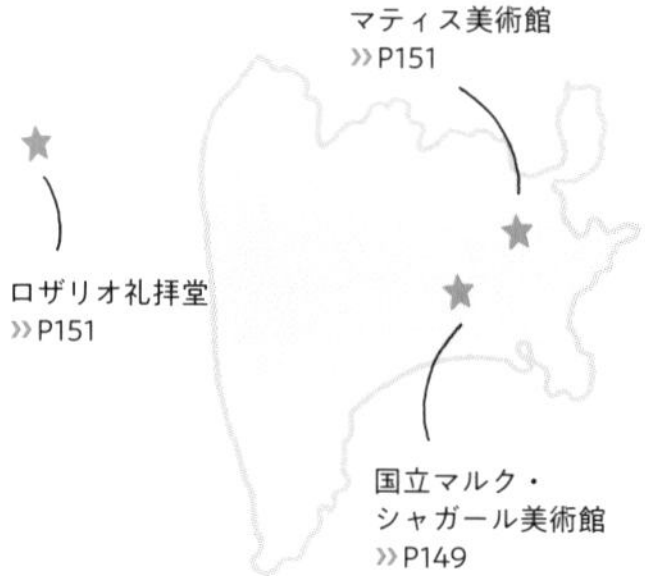

Nice

DATA

15時間
※直行便なし

－8時間
（夏は－7時間）

ユーロ
（1EUR＝約159円）

フランス語

大好きな画家の絵を本場で観たくて、南フランスのニースへ。年間300日以上晴れるという太陽の街で、地中海を目前に開けるリゾート地でもあります。太陽がさんさんと地上を照らし、明るく華やかな雰囲気で、昔から多くの人たちを引き寄せてきました。

この光の街を愛したのは歴代の画家たちも同じで、中には20世紀を代表するフランスの画家マルク・シャガールと

明るく華やかな街で
芸術に触れる

アンリ・マティスも。どちらも人生の後半に移住し、最期までニースやその郊外で暮らしていました。ニースをはじめとする南フランスの光や風、空気感が彼らの作品に影響を与えたといわれています。

　市内には**国立マルク・シャガール美術館**と**マティス美術館**があり、絵画のほか、ステンドグラスや彫刻なども観られます。市内から少し離れていますが、１日あれば２つとも行くことができます！

シャガール美術館で、連作『聖書のメッセージ』を観る！

ニースに、シャガールのための国立美術館があります。1966年にシャガールが17点の連作『聖書のメッセージ』を国家に寄贈したことに始まり、1973年に連作を含めた彼の作品を展示するマルク・シャガール聖書のメッセージ国立美術館（現・**国立マルク・シャガール美術館**）が建設されました。

シャガールは帝政ロシア領だった現在のベラルーシ出身で、ユダヤ人でした。1910年にフランスのパリに来て影響を受け、一度故郷に戻って同郷人のベラと結婚します。ベラを一途に愛し、結婚や愛をテーマにした作品を数多く残しました。

ベラの早世や戦禍など時代に翻弄されながらも、シャガールは50歳頃にフランスの国籍をとって1950年に南フランスに移住。そして、二人目の最愛の妻ヴァランティーヌと出会い、再び愛あふれる絵を多数描いたのです。

「愛する思いがキャンバスからこぼれ落ちている」と思うほど、それらの作品を観ると幸せな気持ちになります。それゆえ〝愛の画家〟だといわれているのです。美術館見学の際は、日本語版の音声ガイドが無料で借りられるので、ぜひ！

シャガールの人柄、魂が詰まった美術館

美術館の落成式で、シャガールは、「人生に終わりがあるのなら、私たちは生きている間、愛と希望の色で人生を彩らねばなりません」と述べたそうです。館内には、17点の連作以外に450点以上の作品を展示。ステンドグラス「天地創造」が美しいシアタールームでは、シャガールの軌跡や人物像に関する映像が見られます。美術館まではマセナ広場から歩いて30分。

シャガールの世界に浸る！

point

太陽の街の海と旧市街

迷路のような狭い通りや市場がある旧市街（ヴィエーユ　ヴィル）は、昔ながらの雰囲気があって楽しい！　地元の人たちが通うレストランも多く、おすすめ。旧市街を抜けて海に出ると、夏は世界各地から集まった観光客が海水浴を楽しんでいる光景が見られます。浜辺は砂ではなく、石がごろごろという感じ。

国立マルク・シャガール美術館
(Musee National Message Biblique Marc Chagall)

🏠 36Av. Dr Ménard, 06000 Nice,

📞 +33 4 93 53 87 20

営【5～10月】10：00～18：00
【11～4月】10：00～17：00

休 火曜、1/1、5/1、12/25

WANT TO DO
ニースでやりたいこと

ニース郊外のヴァンスでマティス最期の傑作、ロザリオ礼拝堂へ行く！

色彩の魔術師といわれるアンリ・マティス。パリを拠点に活動していましたが、１９１７年、40代後半で制作の場をニースへと移します。フランス北部の街カトー・カンブレジ出身のマティスは、曇天の故郷にはない光あふれるニースに感動したといい、この時代の彼の作品は「ニース時代」と称されています。

第二次世界大戦の激しくなった１９４３年に、マティスはニースから20㎞離れたヴァンスに移り、モン・レーヴという別荘に住み始めました。晩年に、マティスは自身の芸術の集大成となる**ロザリオ礼拝堂**を手掛けます。建物をはじめ、ステンドグラスや壁のタイル、祭壇の装飾など、デザインのすべてがマティスの作品です。白い壁、床、天井はまるでキャンバスのようで、緑と黄と青の３色が用いられています。ステンドグラスは、光が差し込むと空や海、森の中にいるように安らげる空間に。マティスは生命の源となる空や海、植物や自然、太陽と神の光を３色に表現したようです。病魔に侵された体で制作し、亡くなる３年前に完成したロザリオ礼拝堂は、彼の生命と魂すべてが注がれた最高傑作です。

マティスの作品に
とことん触れる

ニースからバスで1時間ちょっと

1951年に完成した「マティス礼拝堂」とも呼ばれるロザリオ礼拝堂。礼拝堂へは、ニース市内からバスで1時間ちょっと、ヴァンスのバスターミナルから坂道を上って10分ほど。シンプルな外観ですが、屋根に鉄の十字架があるので目印に。庭からは中世の街並みを残すヴァンスが一望できます。堂内の写真撮影は禁止なので注意。

ロザリオ礼拝堂（The Rosary Chapel）

🏠 466 Av. Henri Matisse, 06140 Vence, フランス
📞 +33 4 93 58 03 26
営【3～10月】10：00～11：30／14：00～17：30
【11～2月】10：00～11：30／14：00～16：30
休 日、月、祝日、冬期（11/21～12/12）

great

マティス美術館（Musée Matisse）

🏠 164 Av. des Arènes de Cimiez, 06000 Nice, フランス
📞 +52 473 732 0006
営【11～4月】10：00～17：00
【5～10月】10：00～18：00
休 火

マティス好きなら行きたい

ニース市の北部にあるシミエの丘に、赤い17世紀の邸宅だった**マティス美術館**があります。絵画、デッサン画、彫刻など約1000点の作品が展示。中でも、晩年最期の切り絵大作として知られる『花と果実』は必見。ロザリオ礼拝堂の模型も展示してあります。実際にヴァンスで本物を観ると、模型のままで感動！

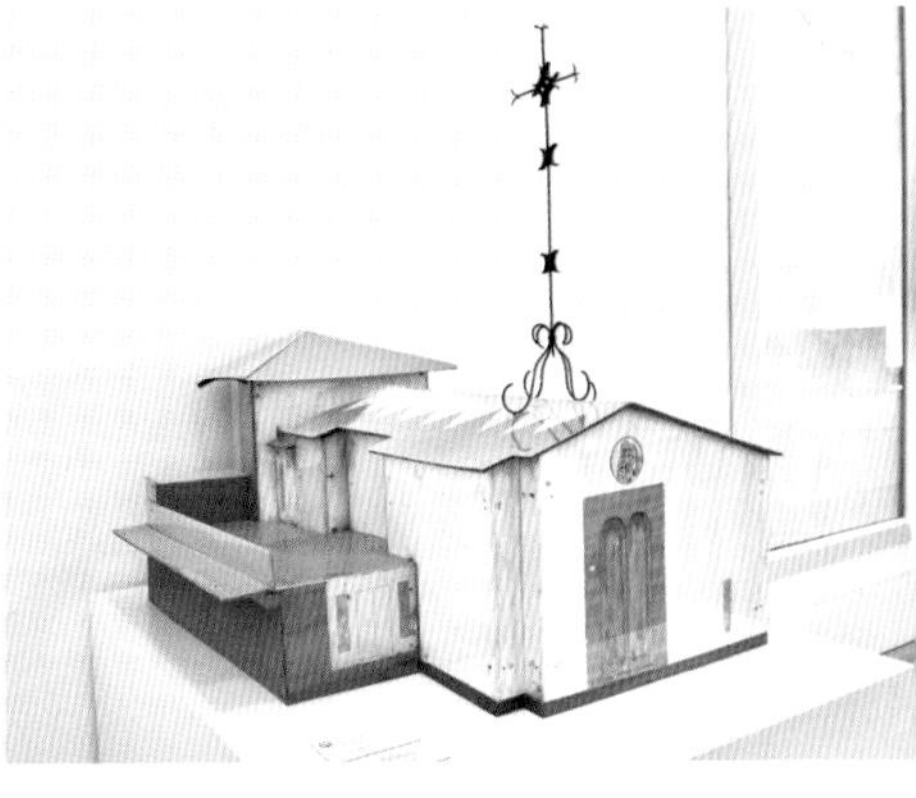

4 DAYS

CITY / AREA

サマルカンド

+1 DAY

ウルグット／ウズベキスタン

SMK

イスラムの宝石と謳われるシルクロードの青いオアシス都市

Samarkand

DATA

9時間
※タシケントまで。そこから列車で2時間かフライトで1時間。

−4時間

スム
（1 UZS=約0.012円）

ウズベク語

サマルカンドは、タシケントから飛行機で約1時間、または列車で約2時間の距離にあるウズベク第二の都市。その国の歴史を語るに外せないティムール帝国の首都で、シルクロードのオアシス都市として発展してきました。

古代より中央アジアで最も美しい街として知られ、そのため幾度となく侵略の対象になりました。現在のサマルカンドは、チンギス・ハーンに

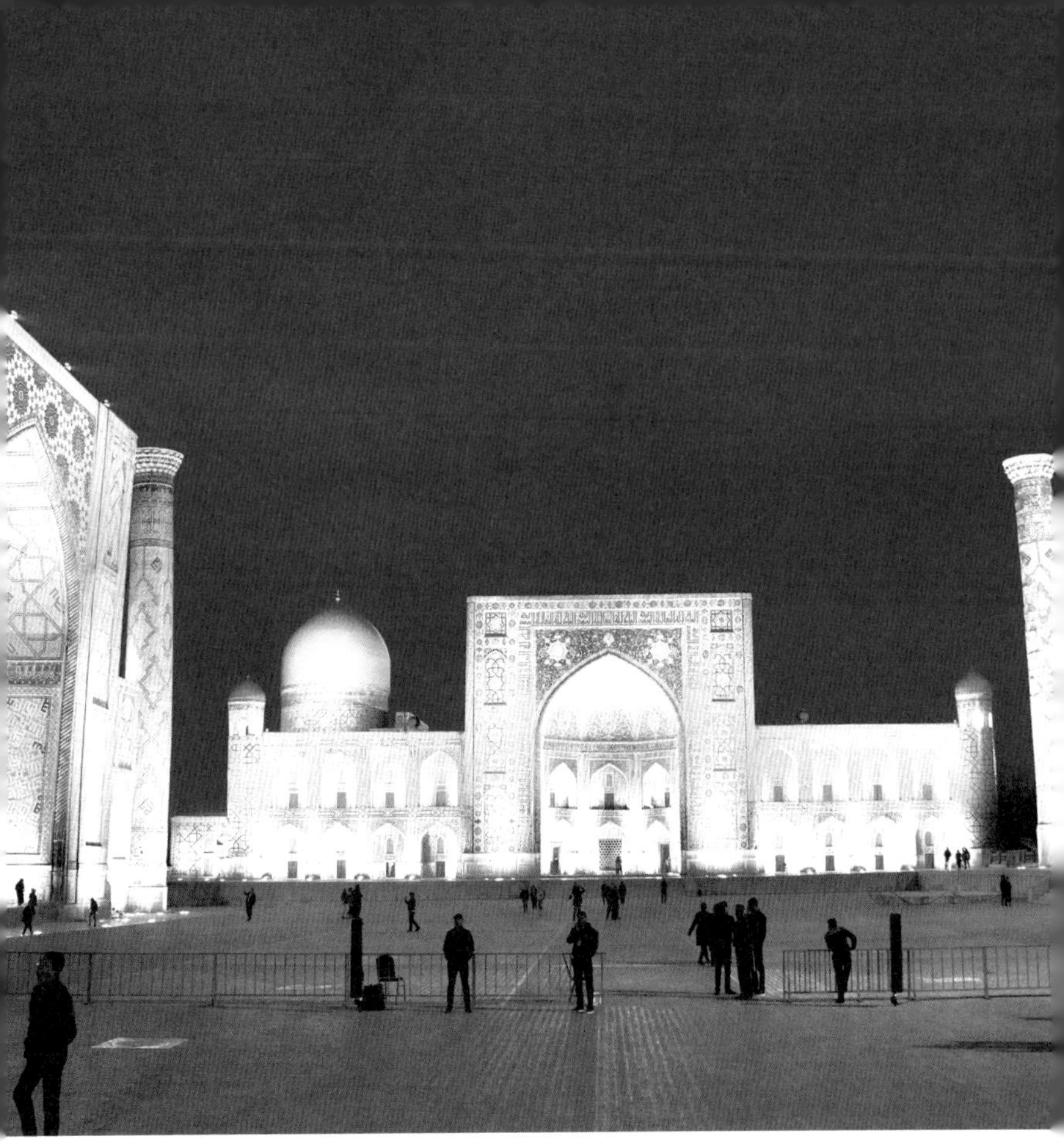

よって破壊された街を英雄アミール・ティムールが再建した姿。世界遺産に登録された歴史的な建造物は、ティムール朝時代のものだそうです。
ティムールの愛した青いタイルが壮大に使われ、サマルカンドは「青の都」「イスラムの宝石」とも謳われています。3つの神学校（マドラサ）があるレギスタン広場や有数の霊廟など、青い世界をたゆたえば、胸が高揚してくるのを止められません。

刻々と装いを変える神学校でアラビアンナイトに溶け込む

ティムール朝の名残をみせる旧市街は、非日常感にあふれた異国情緒に浸れます。中でも**レギスタン広場**は最たるもの。レギスタンは、ペルシア語で「砂地」という意味。サマルカンドの街はかつてアフラシャブの丘にありましたが、チンギス・ハーンによる襲来以後、砂地だった現在地に移りました。

レギスタン広場に佇む壮麗な3つの神学校は、「青の都」を構成する建造物群の代表格。コの字型に建ち、正面から見ると、中央のティラカリ・マドラサ、右のシンドル・マドラサ、左のウルグベク・マドラサがシンメトリーのようで美しい。かつて、広場では国の行事や公開処刑が行われていたそうです。

ティラカリ・マドラサの中は黄金で、シンドル・マドラサの入り口上部は、200スム札に描かれているライオンと人の顔が描かれているのでお見逃しなく。また、有名な天文学者ウルグ・ベクが建てたウルグベク・マドラサは、よく見ると壁画の模様が青い星でロマンチック。

夜の帳《とばり》が下りる頃、レギスタン広場は妖艶に輝き、宵闇に浮き上がるようなイスラム建築が旅人の心を蕩《ほう》けさせます。

どの時間帯でも最高に美しい

夜になると幻想的にライトアップされていっそう非日常感が増しますが、日中の太陽にきらめくマドラサも美しく、時間帯を変えて訪れるのもおすすめ。ちなみに外国人を見かけると「立ち入り禁止の上層からマドラサを見せてあげる」と言ってくる警備員たちがいて、お金を請求される場合があるので要注意。

外観も内観も煌びやか!

伝統工芸も間近で見学!

マドラサはそれぞれ内部の見学が可能で、1階部分には土産物店が多くあります。見学と買い物を一緒にして、工芸品を制作したり販売する地元の人と触れ合ったりするのも楽しいひとときき。私は店員さんおすすめの伝統柄のパシュミナ（ストール）を買って、旅の間中使っていました。

レギスタン広場

Registon ko'cha si, Samarqandd Uzbekistan
+998-66-235-3826
営 7：00〜0：00(冬季は 8：00〜20：00)
※マドラサ見学は 9：00〜20：00
休 なし

青に染まる霊廟で、遥かなる時を想う

アフラシャブの丘の南側に、**シャーヒズィンダ廟群**という青いタイルに身を包んだ建造物群があります。「サマルカンドブルー」と称される所以ともいえる場所。宮殿さながらの美しい建物は、ティムール一族や軍事的、宗教的に高位にあった人たちが埋葬されている墓です。

シャーヒズィンダとは「生きている王様」という意味。伝説では、ゾロアスター教が主流の7世紀、イスラム教布教のためにサマルカンドを訪れたクサム・イブン・アッバーズが斬首され、その時にアッバーズ自ら首を拾って深い井戸の中へと消えて楽園に行ったそうです。その後イスラム教が広まり、預言者ムハンマドのいとこであったアッバーズは、今も生きていると信じられているそう。廟群の中で最古のアッバーズ廟は、死者の道の最奥にあり、古い時代の建築としても見応えがあります。

最も美しいといわれるのは、ティムールの姪で24歳の若さで亡くなったジャディ・ムリクの廟。彼女の美しさに劣らない廟をティムールが建てたと伝わります。霊廟に眠る一人ひとりとその背景を知れば、見学もより味わい深くなります。

ティムール族が眠る霊廟群

現存する14の廟がずらりと並ぶ道は、「死者の道」と呼ばれています。霊廟群は、いずれも11世紀から19世紀の間に建てられたもの。霊廟群を見学するときは、敬意を持って静粛に訪れるよう案内板に書かれています。露出した服装や、音楽を聴きながらの見学は控えましょう。

beautiful

歴史にじむサマルカンドブルー

モザイクタイルの青さは廟によって異なります。ティムールが征服した都市から連れて帰った優秀な技術者の中で、濃い青色の霊廟を手がけたのはイランの建築家だそう。淡い水色のような青色は、ウズベキスタンの伝統的なカラー。すべての廟は自由に見学できるので、模様や色味などの違いも楽しんで。

シャーヒズィンダ廟群（Shohizinda ansambli）

🏠 1 Shohizinda ko'chasi, Samarqand Uzbekistan
📞 +998-71-233-5382
営 7：00〜22：00
（冬季は8：00〜18：00）
休 なし

ウルグ・ベク天文台跡で、いにしえの研究・学問に触れる

13世紀、チンギス・ハーンに徹底的に破壊されるまで、アフラシャブの丘には美しい町があったと伝わります。その北東約1kmの位置に、1908年にロシア人考古学者が発掘した天文台跡があります。これは、ティムールの四男シャー・ルフの長男として生まれ、学問や芸術の才を持って生まれたウルグ・ベクが1428年に建設したもの。ここで彼は、星座や四季の研究をしていたと考えられています。

現存しているのは、円い天文台基礎部分と高さ40m、長さ63mあったとされる巨大な六分儀の地下部分のみ。その六分儀による恒星観測で、ウルグ・ベクは1年を365日6時間10分8秒と推測して暦を作りました。現在の精密時計で観測した365日6時間9分6秒と比べて、その誤差はごく僅か。発掘後には、世界中の天文学者が驚愕したそうです。

父のシャー・ルフが王位を継承すると、ウルグ・ベクはサマルカンド知事となって町の建設を盛んに行いました。彼が手がけた建造物には星や宇宙を思わせる装飾が見られ、未知なる宇宙にどれほどの興味や憧憬を抱いていたかを感じさせます。

学問や芸術の黄金時代!

シャー・ルフの後に王位を継承し、第四代君主となったウルグ・ベクは、自ら研究をするだけでなく、文人や学者の保護者にもなりました。文化的黄金期を作ったとも称えられる彼は、今も国民に愛されていて、生誕600周年の1994年は「ウルグ・ベクの年」に指定されました。天文台跡までは、サマルカンドの街中からバスかタクシーで。

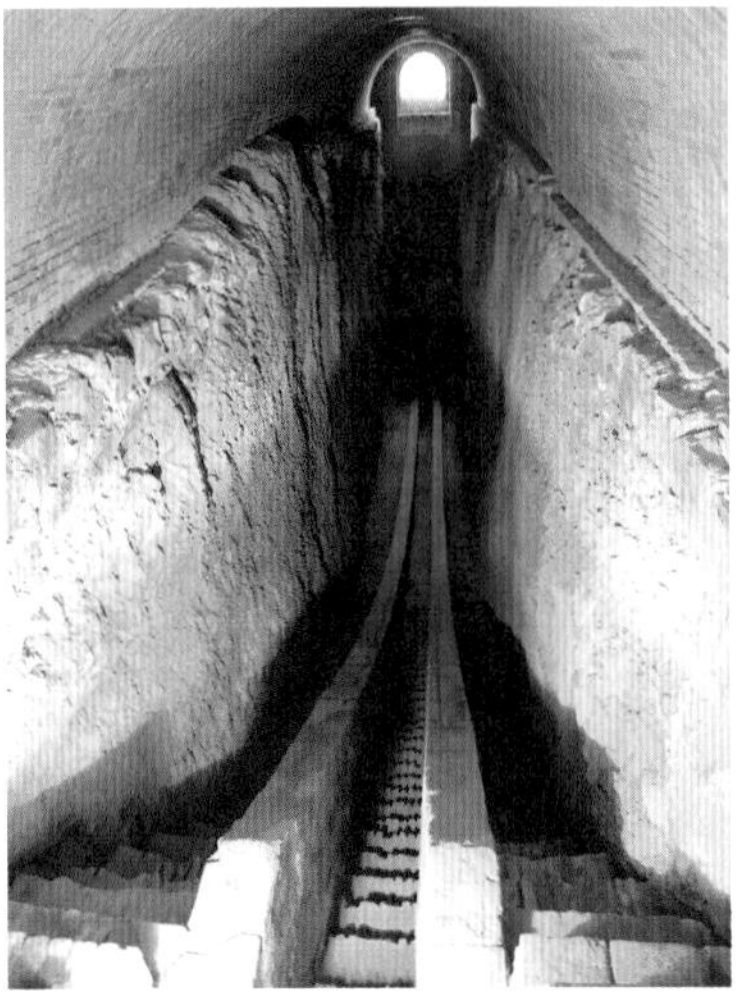

great

考古学博物館近くにシルクロード隊が!?

資料館や博物館でもっと学ぶ

ロシア人考古学者に発見されるまで天文台跡は土の中に眠っており、それまでウルグ・ベクが天文学者としてどのような観測をしていたかは謎だったそう。敷地内にあるマドラサ風の建物は資料館。中には天文学や当時の観測方法を伝える展示があります。また、アフラシャブの丘には考古学博物館もあります。

ウルグ・ベク天文台跡
(Ulug'bek observatoriyasi)

Toshkent yo'li, Samarqand Uzbekistan
+998-71-234-2887
営 9：00〜18：00
(冬季は9：00〜17：00)
休 なし

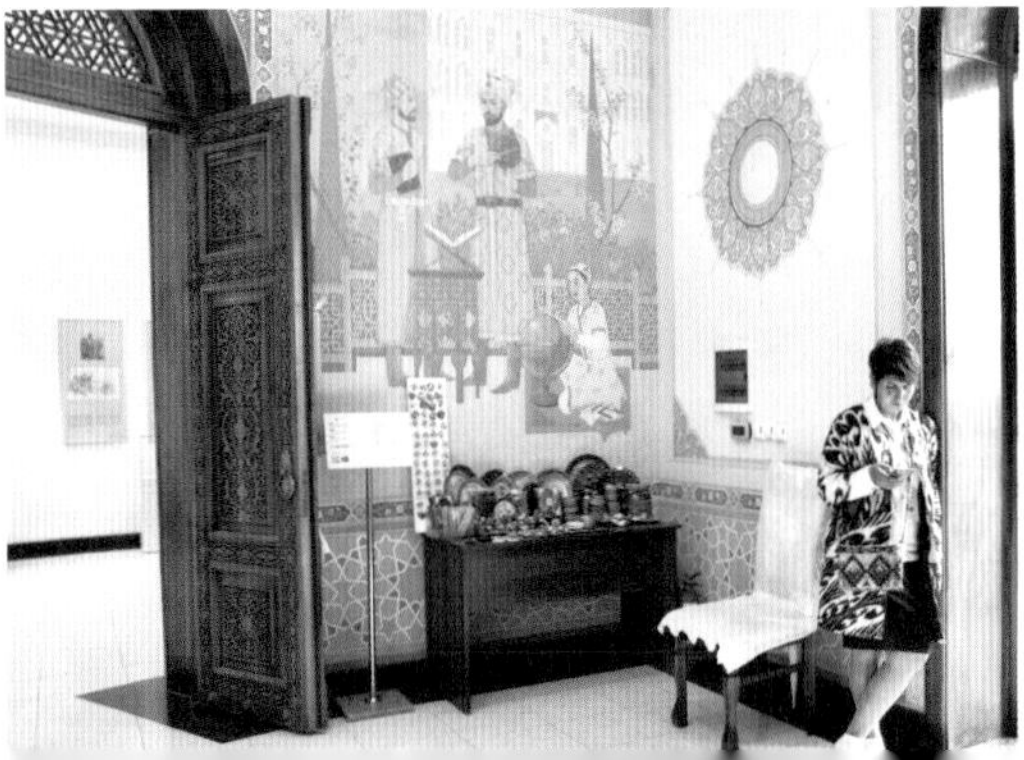

一大バザールで伝統布のスザニを買いたい！

刺繍が施された伝統布であるスザニ。ペルシア語で針は「スザン」といい、針で刺繍したものを「スザニ」と呼びます。ウズベキスタンでは嫁入り道具として、親が娘のために作るという伝統があるそうです。

刺繍の柄は太陽や星、草花やザクロなどが描かれていて、平和や繁栄、息災、子宝に恵まれるようにといった意味が込められています。また、刺繍の柄を見るだけで産地もわかるとか。

そんな各地のスザニが集結して売られているのが、サマルカンドの南東約40kmに位置するウルグットという町のバザール。タクシーをチャーターして向かうと、バザールの広大な駐車場は地元の車でいっぱいです。

人をかきわけ、野菜や果物、日用雑貨、ご飯などが売られる市場を奥へと進むと、スザニを売るエリアへ到着。スザニを売るおばさまたちが、我こそはと自慢の1枚を広げて見せてきます。クッション、ベッドカバー、壁掛け用などデザインも様々で、物色しては値段交渉をして。すべてが手作りというスザニの世界に、すっかり夢中になりました。

すべて1点ものの美しいスザニのバザール

スザニは針刺した数が多ければ多いほど高価なものとされていますが、100年以上前に作られたヴィンテージものも多くあり、ウズベキスタンの代表的な工芸品です。ただし、50年以上前に作られたスザニの国外への輸出は禁止されています。ウルグットのスザニはサマルカンドよりもかなり安く、種類も多いように思います。

スザニの模様にはいろんな意味がある

活気ある市場で腹ごなしも

バザールでは、プロフやナンも食べられます。ウズベキスタンのナンは、町によって味、形、食感が異なります。最も美味しいといわれているのはサマルカンドのナンで、ウズベキスタン人もお土産に買って帰るほど。ウルグットもまた異なりますが、目の前の窯で焼かれた出来立てのナンはとっても美味！

ウルグットバザール
🏠 Urgut Bazzar,Urgut
㊮ 6：00頃〜14：00頃
※火水土日のみ開催

5 DAYS

CITY / AREA

ルーマニア国鉄（シナイア〜ブラショフ〜シギショアラ）／ルーマニア

RMN

トランシルヴァニア地方の古都に下車する列車旅

Căile Ferate Române

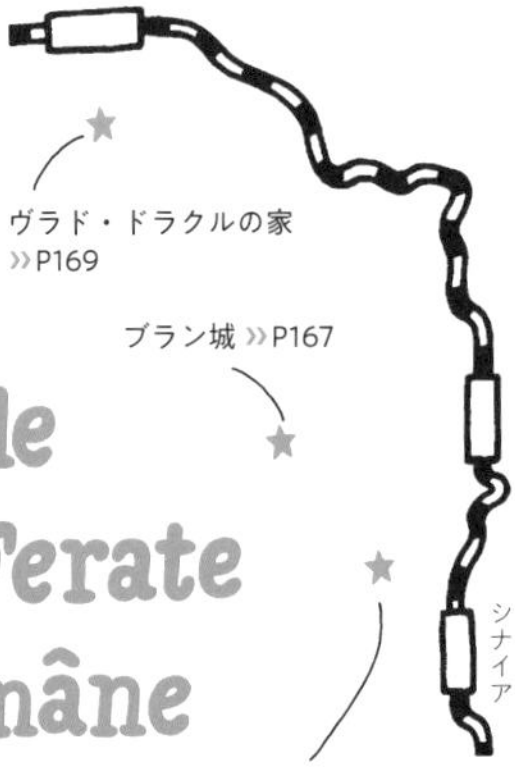

DATA

16時間
※ブカレストまで。そこから列車で1〜6時間。

−7時間
（夏は−6時間）

レウ
（1RON=約31.9円）

ルーマニア語

首都のブカレスト・ノルド駅から列車に乗って、中世の面影が残るトランシルヴァニア地方の古都、シナイア、ブラショフ、シギショアラへ！

ルーマニア語で「森の向こうの国」という意味のトランシルヴァニア地方は、ルーマニア中部から北西部にまたがる地域で、カルパチア山脈に囲まれています。首都ブカレストがある大平原から見れば、

※下車する駅を絞れば、4日でも旅することが可能。

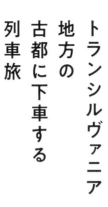

深い森に包まれ、さぞやミステリアスな土地に映ってきたことでしょう。先住民は、紀元前1000年頃から住んでいたとされるトラキア系民族のダキア人。その後、ローマ帝国、ハンガリー王国、オーストリアなどの支配を経て、第一次世界大戦後にルーマニア王国に併合されました。
長い歴史と豊かな自然の中で、吸血鬼ドラキュラなど数々の伝説に彩られてきたのもこの地方の面白さ。さあ、どの街から下車しよう。

シナイアで観たいもの

WANT TO SEE

壮麗、荘厳なペレシュ城で、城内見学ツアーに参加する！

首都ブカレストから始まる列車の旅は、シナイアまで約1時間半、ブラショフまで約2時間半、シギショアラまで約6時間。旅行日数によっては下車する街を絞ることになりますが、最も近くて列車の本数も多いのが「カンパチアの真珠」と称されるシナイア。カルパチア山脈の標高800mほどに位置し、夏は避暑地として、冬はスキーリゾート地として人気です。17世紀にワラキア公カンタクジノが建てたビザンティン様式の**シナイア僧院**では、美しいフレスコ画が見られます。

そしてルーマニアで最も美しいといわれる**ペレシュ城**へ。ルーマニア王国の初代国王カルロ1世が作らせたゴシック様式とドイツ・ルネッサンス様式を用いた美しい城。天井、壁、床、柱と城内すべてが豪華絢爛の装いで、重厚で壮麗な家具調度、今にも動き出しそうな騎士の鎧などは大迫力。

ペレシュ城から5分ほど歩くと、カルロ1世が在位中に築いた広大な建築群の一つ、**ペリソール城**も。ルーマニア王位継承者のフェルディナンド王子とマリー王女の邸宅として建てられたそうです。

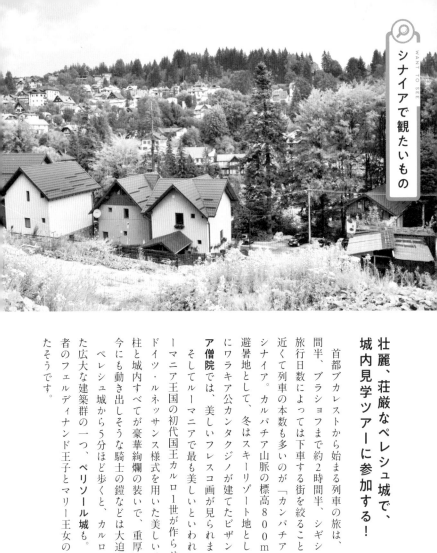

good

ペレシュ城（Peleș Castle）

🏠 Aleea Peleșului 2, Sinaia 106100 ルーマニア

📞 +40 244 310 918

営【10～4月】10：00～17：00（水）、9：15～17：00（木～日）
【5～9月】9：15～17：00（火、木～日）、10：00～17：00（水）

休【10～4月】月、火 【5～9月】月

ペレシュ城内は圧巻の美しさ！

ペレシュ城は元々夏の離宮として使用され、1890年にチェコの建築家カレルリーマンのもと改築、拡張されて今の姿に。城内の見学はツアーのみで、自由見学はできません。公式サイトで事前にチケットを購入すると楽。見学するエリアによって値段が異なります。ペリソール城も同サイトでチケット購入可能。

beautiful

公式サイトで情報収集を

ルーマニアはヨーロッパの中でも鉄道網が発達し、バスよりも安い列車旅が断然便利。列車には特急（IC）、快速（IRN/IR）、普通（RE/R）があります。時刻、所要時間、運賃などは公式サイトでチェック。シナイアは半日あれば観光できます。

ルーマニア国鉄（CFR）

📞 +40731990129

営 8：00～20：00（月～土）
※公式サイトでチケットの事前購入が可能。ただし、1：15～3：00（現地時間）は購入不可。当日、駅の窓口や自動販売機（クレジットカード払いのみ対応）での購入も可能。

【公式サイト】

WANT TO SEE

ブラショフで観たいもの

ドラキュラ伝説が根付くブラン城を訪れる！

シナイアから列車で1時間強、ブラショフに到着。かつてドイツから植民したトランシルヴァニア・ザクセン人が街づくりに深くかかわり、第二次世界大戦後まで多く暮らしていました。旧市街は、**黒教会**と呼ばれるルーマニア最大級のゴシック教会を中心に、中世の面影が残る美しい街並みです。今回は、吸血鬼ドラキュラ伝説があるという**ブラン城**をお目当てに下車。

14世紀に建てられたブラン城はドイツ騎士団が創建し、現在のブカレストがあるワルキア地方にあったワラキア公国が所有していました。ブラム・ストーカーの小説『ドラキュラ』のモデルとなったのが、15世紀にワルキア公国を治めていたヴラド3世。恐怖政治によって統治し、民や貴族、敵対したオスマン帝国の兵士を串刺しにして処刑したという逸話を持ち、〝串刺し公〟と呼ばれていたとか。しかし実際に居城したのは、ヴラド3世の祖父にあたる暴君ヴラド1世（ミルチャ老公）。そのため、〝暴君の子〟を意味する「Ｄｒａｃｕｌａ」が、ヴラド3世をドラキュラのモデルとさせたとする説も。小説に登場するドラキュラ城は、ブラン城を模したといわれています。

Cool

ブラン城でルーマニア史に触れる

ヴラド３世は、地元ではオスマン帝国に対抗した英雄とされているそうで、ブラン城はオスマン帝国軍を監視するため建てられたとか。現在は博物館となり、実際に使われていた調度品や武具、寝室や調理場、中庭などを自由に見学可能。城周辺はドラキュラ伝説にちなんだ土産物店やお化け屋敷などがあり、賑やか。

ルーマニアの伝統工芸
イースターエッグも

列車とバスを駆使して移動

トランシルヴァニア地方の中心都市ブラショフは、ブカレスト・ノルド駅から列車で約２時間半。ブラン城までは、さらにバスに乗り換えて１時間ほど。ほとんどの車内にはトイレもあるので安心です。電車が発車するプラットフォームのナンバーは、出発時刻ごとに変わるので、必ず駅構内の出発案内をチェック！

Check

ブラン城

🏠 Strada General Traian Moșoiu 24, Bran 507025 Romania

📞 +40 268 237 700

㈪ 9：00～16：00
(月曜のみ12：00～16：00)

㉁ なし

WANT TO DO

シギショアラでやりたいこと

中世の建物が9割残る世界遺産の町を歩く！

シギショアラは、ブカレストから列車で約6時間かかる小さな城塞都市。1556年に建てられた高さ64mの時計塔をシンボルに、旧市街はまるごと「**シギショアラ歴史地区**」として世界遺産に登録されています。かつては軍事や商業における中央ヨーロッパの要衝としてトランシルヴァニア地方の中でも重要視され、ドイツから植民したトランシルヴァニア・ザクセン人によって要塞化した街が築かれていきました。今も当時の建物の9割が保存されているという、奇跡の街なのです。

さて、絵本に描かれたようなカラフルで可愛らしい街の中に、『ドラキュラ』のモデルとされたヴラド3世の生家があります。父であるブラド2世がシギショアラに亡命していたときに生まれたそうで、今は**ヴラド・ドラクルの家**という名前のレストランとして、〝ドラキュラ料理〟なるメニューを出しています。中世の家具や武具、ヴラド3世の像などが置かれ、雰囲気もそれとなくドラキュラ感あり……？

「ルーマニアの宝石」と称えられる世界遺産の街とドラキュラ伝説。この組み合わせは、世界でこの街だけだと思います！

yummy!

バームクーヘンの
元祖を食す！

カラフルな中世都市で食べる！

トランシルヴァニア地方を起源とする、元祖バームクーヘンの一つとされるクルトシュ・カラーチを食べ歩き。中は空洞のちくわ形で、素朴なやさしい味。ヴラド・ドラクルの家は時計塔の近くにあります。トランシルヴァニアのパリンカ（伝統的な果実蒸留酒）や、トマトスープを血に見立てた一品「ドラキュラの心臓」なるメニューもありました。

美味しいもの
たくさん！

Point

列車旅のプランは無理なく

限られた旅行日数でどう回るか、時刻表とにらめっこ。私は、1日目はブカレスト到着後そのままシナイアに行って一泊。2日目はペレシュ城に行き、午後はシギショアラへ行ってヴラド・ドラクルの家で夕食を。3日目は朝からブラショフへ行きブラン城を見学し、午後にブカレストに戻るという行程でした。

ヴラド・ドラクルの家（Casa Vlad Dracul）
🏠 Strada Cositorarilor 5, Sighișoara 545400 Romania
📞 +40 265 771 596
営 00：00〜21：00（月〜金）、10：00〜21：00（土、日）
休 なし

5 DAYS

CITY / AREA

シャフシャウエン／モロッコ

CCO

歩けば猫と出会える世界屈指の青に染まる街

Chefchaouen

DATA

20時間
※直行便なし

8時間

ディルハム
(1AED=約40.5円)

アラビア語
フランス語

世界には、カラフルな色に彩られた街並みがいくつもありますが、青に染められたシャフシャウエンの旧市街は格別に幻想的。刻々と移り変わる海や空の青さと同じく、歩くたびに建物の青は色味を変えていき、海の中の迷宮に足を踏み入れたかのよう。

街は、モロッコ北部のリフ山脈の山間にあります。敵が侵攻しにくい地形を生かして、1471年にイスラム王朝の

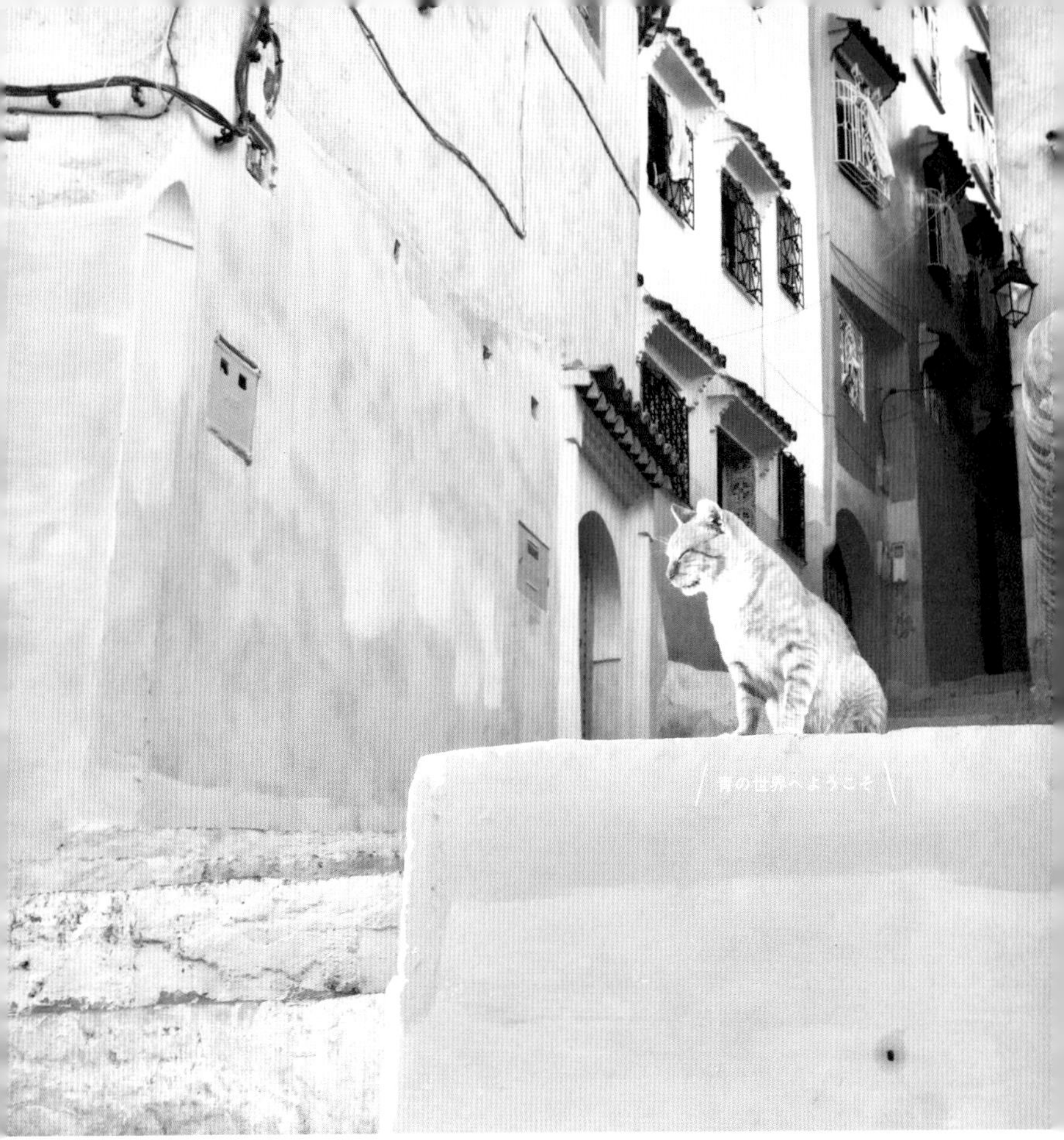

ムーレイ・アリ・ビン・ラシッドによってカスバ（要塞）として築かれました。街からは動物の角のように見える山の峰が二つあり、そこから街の名前は、「シャフシャウエン（＝角を見よ）」となったそうです。

　さらに、スペインのレコンキスタ（国土回復運動）によって、イスラム教徒をはじめとする多くの移住者が暮らすようになりました。街中に猫がいて、青い世界を泳ぐ魚のごとく、飄々と我がもの顔で暮らしています。

WANT TO DO
シャフシャウエンでやりたいこと

青の迷宮をただひたすら彷徨いたい！

「なぜ街は青いのか」と街の人たちに理由を聞くと、「イスラム教徒やユダヤ教徒にとって、青は聖なる色だから」「虫避けのため」「強い日差しを抑えるため（眩しさを軽減する）」など諸説あるようです。歴史的な背景から紐解くと、第二次世界大戦のときにユダヤ教徒が多く流入したようで、その際にユダヤ人にとっての空の青、つまり神と通じる天国の色を塗ったといわれています。実際に街中が青くなったのは19世紀頃のようです。

散策は、旧市街の中心であるウタ・エル・ハマン広場からスタート。飲食店や土産物が多く軒を連ね、賑わっています。その後は、入り組んだ迷宮のメディナ（旧市街）を彷徨うだけで、いくつもの素敵なスポットと出会えます。家のドアや玄関先に敷かれたタイル、絨毯のデザインなども一つひとつが違うので、カメラのシャッターを切ってばかりに。

街全体を見渡すには、旧市街の東側にある丘の上がおすすめ。1920年代にスペイン人によって建てられた**スパニッシュ・モスク**があります。やがて青の街が夜の闇に溶け込んで、色彩を失う代わりに、街の灯りが星の如くキラキラと輝き始めます。

Cute

スパニッシュ・モスク
(Bouzafer mosque)
🏠 5P8V+6QV, Chefchaouen, Morocco
営 24時間
休 なし(モスクは現在閉鎖中)

雑貨も可愛い青の街

シャフシャウエンには手工芸品に携わる人が多く、毛織物、籠、革製品など女子心くすぐるモロッコ雑貨を扱うお店がたくさん。所狭しと置かれた雑貨は、青い街を彩るインテリアのよう。街中は迷路のようなので、気に入った店の場所はしっかり把握すべし。キャッシュレスの店もありますが、現金も持っておく方が無難です。

WOW!

カスバ博物館(Kasbah Museum)
🏠 Place Outa El Hamam Medina, Chefchaouen, Morocco
営 9：00～18：00
休 不定休

散策はハマン広場からスタート!

ウタ・エル・ハマン広場には**カスバ博物館**があり、カスバの中に入って見学ができます（有料）。カスバは、17世紀にモロッコを統治していたムーレイ・イスマイルによって増強され、20世紀にはスペインの保護領だった時期もあるそうです。カスバからは街全体をぐるりと一望できるのでおすすめです。

WANT TO DO

シャフシャウエンでやりたいこと

道を歩けば猫にあたる街で、猫と出会いまくりたい！

シャフシャウエンは「猫の街」といわれるほど、たくさんの猫が暮らしています。イスラム教徒が多く暮らす街特有の風景ともいえます。猫に注目していると、人間と猫の共生する景色が見えてきました。たとえば、水飲み場にやってきたおじいさんが水を手で掬い、その場にいた猫に飲ませてあげたり、はたまた日本でいう〝猫屋敷〟で、おばさまが数えきれないほどの猫たちにパンを与えていたり。

そんな現場を横で見ていると「ガトー（＝猫）」とスペイン語で話しかけてくれて、ちょっとした交流が生まれます。写真に写るのを嫌う人たちもいるので、撮影で人が写りそうなときは事前に確認を。シャフシャウエンはスペイン（アンダルシア地方）に近いこともあり、公用語のアラビア語のほか、スペイン語も通じる人がほとんどです。

猫は縄張りがある生き物なので、同じ場所で同じ猫を何度も見かけました。エキゾチックな扉の前で〝待機〟している猫も多くいて、きっと家主を待っているのでしょう。扉が開くと、すっと中に入っていく光景を幾度となく見かけました。

SWEET

猫と人が共存共生する街

私は猫が大好きなので、街歩きするとき以外はほとんど猫の写真を撮ったり、猫と触れ合ったりして過ごしていました。猫は民家だけでなく、ホテル、レストラン、土産物店の中、街の通りや階段など、そこら中にいます。逆に、猫が苦手な人には覚悟がいるほどの猫王国ですよ。

pick up

猫好きの天国！

モロッコ名物のクスクスとタジンを食べたい！

タジンやクスクスなどのモロッコ料理は、地中海食としてユネスコの無形文化遺産に登録されています。シャフシャウエンはヤギが有名で、ヤギ肉入りのクスクスを出す店もあります。ハリラという黄色（赤色も）のスープは定番の伝統食で、ひよこ豆や玉ねぎ、トマトなどを煮込んだもの。栄養価が高く、旅行中もパワーチャージ！

5 DAYS

CITY / AREA

サンパウロ／ブラジル

SPL

ラテンアメリカの誇りと熱気が集結した、南米最大の都市

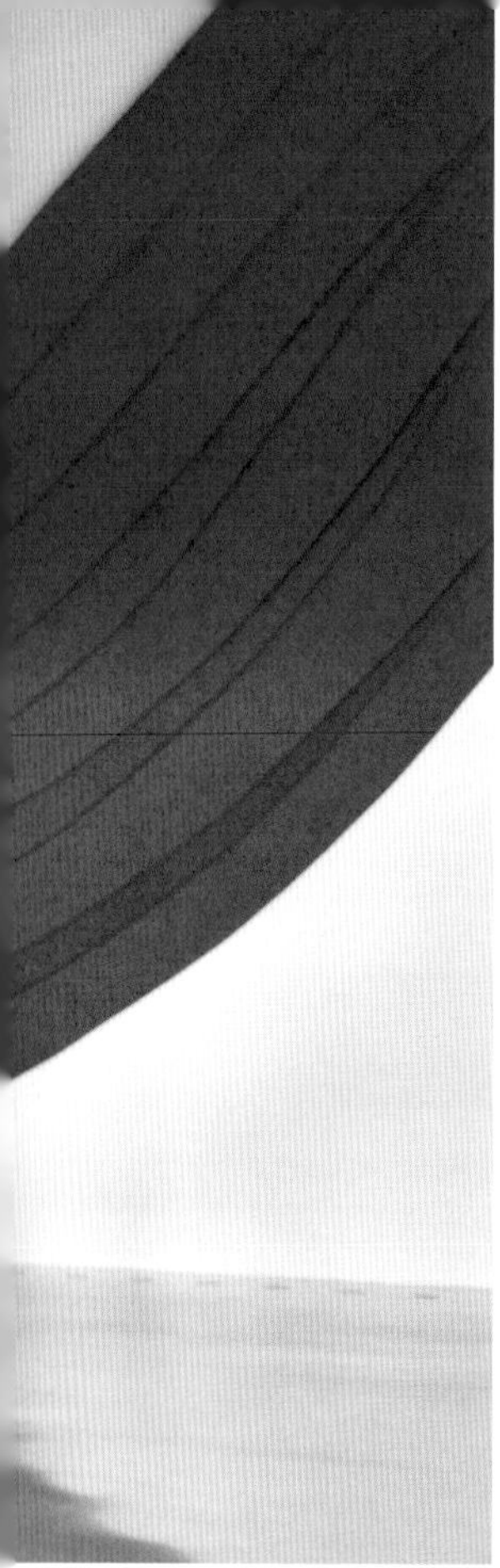

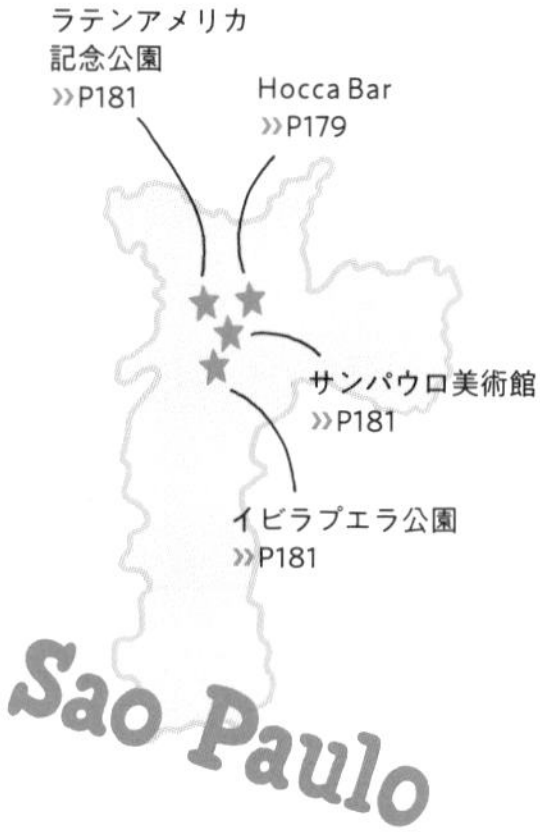

DATA

27時間
※直行便なし

ー12時間

レアル
(1BRL=約30.8円)

ポルトガル語

日本の真反対に位置するブラジルも、「これだけする！」と目的を絞れば5日で行けます。飛行機の便が多いサンパウロは南米最大の都市で、ブラジルでは金融の中心地として活気があります。明治以降は多くの日本人が移住し、その子孫である日系ブラジル人が今も多く暮らしています。

サンパウロではブラジル近代建築の父、オスカー・ニーマイヤーの建築が一挙に見ら

れる**イビラプエラ公園**や**ラテンアメリカ記念公園**、ブラジル人女性建築家のリナ・ボ・バルディが設計した**サンパウロ美術館**などが人気の観光スポット。休憩は、サンパウロ中心のメルカド地区にある**サンパウロ市営市場**で、サンパウロ名物のモルタデッラサンドウィッチを。地元の人に混ざってローカルな雰囲気も味わえます。

すべて巡ると、あらかたサンパウロの中心地へ足を運ぶことができます。

陽気で賑やかな街

市民の台所、サンパウロ市営市場で 名物モルタデッラサンドウィッチを食べる！

サンパウロの人に「必ず食べて！」とおすすめされたモルタデッラサンドウィッチ。サンパウロ市営市場を代表する超人気B級グルメです。モルタデッラは、イタリアのボローニャ産ハム、ソーセージの一種で、イタリア系移民が持ち込んだといわれています。超薄切りのモルタデッラを何層にも重ね、カリカリのパンに挟んでハンバーガーのようにして食べます。

市場でモルタデッラサンドウィッチを食べるなら、2階に店舗を構えたHocca Barが圧倒的に人気。1952年にポルトガル移民のオラシオ・ガブリエルとその妻マリアが創業し、またたく間に街の人気グルメになったそうです。かぶりつくと、ジューシーなモルタデッラの旨味と、とろりとしたチーズ、オリーブを漬けこんだドライトマトのソースが口に広がって、美味！黒胡椒のピリリとした刺激が効いて、ビールも進みます。

サンパウロは、ブラジルで最も多くの移民を受け入れている街の一つ。モルタデッラサンドウィッチは、異国の味がブラジルの味となって、多くの人に愛されるようになった奇跡の逸品。街のシンボルともいえる料理です。

yummy!

ブラジルの庶民の味
パステル

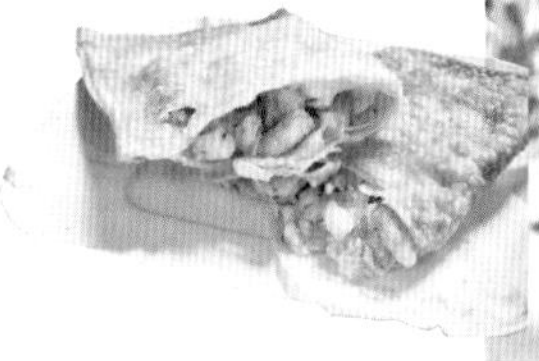

チーズと肉の相性抜群!

モルタデッラサンドウィッチは、創業当初は市民に受け入れられなかったほど型破りなアイデアの料理だったそう。モルタデッラはミルフィーユ状になっているので、かぶりついても歯切れが良く意外にも食べやすい！　オリジナル唐辛子ソースで味を変えて食べるのもおすすめ。春巻きのような皮の中にエビとクリームソースが入っているパステルも名物。

サンパウロの台所を見学

Check

1933年に建築されたネオゴシック建築のサンパウロ市営市場は、美しいステンドグラスが印象的。建物はフランス人建築家が設計し、ステンドグラスはロシア人の芸術家が手がけたそうです。市場には、肉や野菜、果物、チーズ、ドライフルーツ、香辛料などの店が約300軒入っていて、サンパウロの大切な台所です。

Hocca Bar（サンパウロ市営市場内）
R. da Cantareira, 306 - Centro Histórico de São Paulo, São Paulo - SP, 01024-900 ブラジル
+55 11 3227-6938
営 8：00〜18：00（月〜土）
8：00〜16：30（日）
※市場は6：00からオープン
休 不定休

WANT TO DO
サンパウロでやりたいこと

ブラジル近代建築の父、オスカー・ニーマイヤーの建築を見る！

ブラジル近代建築の父と称されるオスカー・ニーマイヤーは、リオデジャネイロ出身の建築家。ル・コルビュジエとともに国際連合本部ビルを設計したことでも有名です。

ニーマイヤーは、ブラジルの自然にみられる山や海の有機的なしなやかさと女性らしい身体にみられる曲線を愛し、建築に表現しています。彼の代表的な作品の一つである**イビラプエラ公園**は、１９５４年にサンパウロ市政４００周年を記念して作られた市営公園。赤い雲のような屋根が付いた**イビラプエラ講堂**や、２年に一度開催される現代美術国際博覧会のメイン会場となる**パヴィリオン・ダ・ビエンナール**、ル・コルビュジエの影響を色濃く感じる**ブラジル文化パビリオン**など、ニーマイヤーが設計した建築群が一堂に集結しています。

市内北側にある**ラテンアメリカ記念公園**でもニーマイヤーの建築が見られます。黒光りするガラス張りの建物や地面に張られた水盤が空を映し、公園はさながら宇宙基地のよう。ニーマイヤーは世界中に作品を残していますが、残念ながら日本にはないのでサンパウロに行ったら足を運んでみてはいかが。

ニーマイヤーの作品群を見る

1989年にラテンアメリカの文化、政治、社会、経済の連携を目的につくられたラテンアメリカ記念公園は、美術館、図書館、講堂などを有する複合施設。敷地内にあるニーマイヤーのモニュメント『手のひら』は、血が滴るように南アメリカ大陸の地図が描かれ、ラテンアメリカの分断や抑圧された歴史を刻んだもの。

ラテンアメリカ記念公園

Av. Mário de Andrade, 664 - Barra Funda, São Paulo - SP, 01156-001 Brasil
+551138234600
営 10：00〜17：00
休 月曜

建築が見応えある都市を歩く

1947年に開館した**サンパウロ美術館**は、ブラジルを代表する女性建築家リナ・ボ・バルディが設計。巨大な柱と梁で展示空間が持ち上がり、「宙に浮く建築」といわれています。ピロティ（建物と地面の間の空間）を人々が往来し、建物と街が一体化しているように見えます。ほかの作品なら、ポンペイア文化スポーツセンターも有名。

サンパウロ美術館

Av. Paulista, 1578 - Bela Vista, São Paulo - SP, 01310-200 Brasil
+551131495959
営 10:00〜18:00（火曜は20:00まで）
休 月曜

イビラプエラ公園

Av. Pedro Álvares Cabral - Vila Mariana, São Paulo - SP, 04094-050 Brasil
+551155745045
営 5：00〜24：00（各施設の営業時間はそれぞれ異なる）
休 なし

5 DAYS

CITY / AREA

グアナファト／メキシコ

GNJ

色彩と音楽に愛された街で、メキシコの歴史に触れる

Guanajuato

DATA

13時間
※メキシコシティまで。そこからフライトで約1時間。

−15時間

ペソ
(1MXN＝約8.4円)

スペイン語、英語

世界で最もカラフルな街の一つ、グアナファト。メキシコシティから北へ約３００km、標高約２０００mの位置にある静かで美しい街です。滞在中は、まるでおもちゃ箱を開けて覗くときのようなわくわく感が込み上げてきました。バロック様式の黄色い**バシリカ教会**や石畳の道をはじめ、歴史を感じさせる街全体が世界遺産に登録されています。もともと先住民が暮らして

いましたが、16世紀半ばに銀鉱脈が発見されると、富を求めたスペイン人たちの植民地となり、優美なコロニアル都市が築かれていきました。

一方で坑夫や先住民たちは貧しく、1810年にスペイン植民地政府に対する反乱が勃発。グアナファトはメキシコ独立戦争始まりの地となりました。その舞台が現在の**グアナファト州立博物館**で、当時の歴史を壁画や展示物などで学べます。

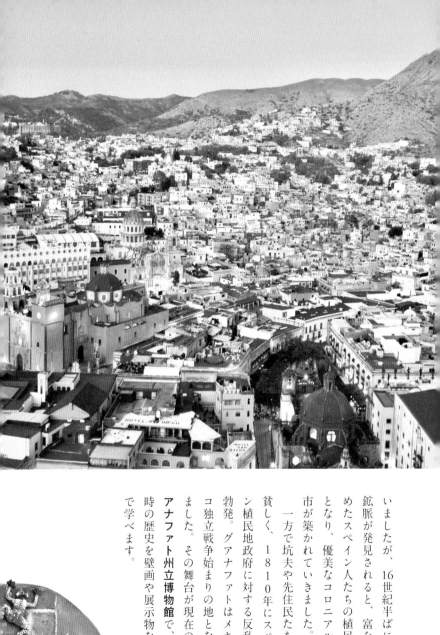

1日中音楽を聴きながら街歩きする！

グアナファトに到着したら、まず色に愛された美しい街を一望するため、ケーブルカーか、頑張って徒歩で**ピピラの丘**に向かうのが王道の観光コース。丘の上に立って心を落ち着かせると、今度は街中から音楽が聞こえてくるはず。

メキシコはどの街でも、レストランや広場などでマリアッチと呼ばれる7人ほどの小さな音楽隊と出会えると思います。ギター、トランペット、バイオリンなどの本格的な楽器を用いて街中を練り歩き、「ここぞ」という場所で演奏を始めます。メキシコ民俗音楽の一つとして国民からも親しまれています。

グアナファトでもマリアッチがあちこちで楽しげに音楽を奏で、陽気な気持ちに包まれます。**フアレス劇場**の斜向かいにある**ラ・ウニオン公園**に行くと、中央の野外ステージでミニコンサートが行われていました。指揮者が指揮棒を振るうと、広場周辺にいたマリアッチ楽団の音楽が鳴り止みます。どのマリアッチも、自前の（おそらく自慢の）衣装を纏い、誇りをもって活動しているのでしょう。音楽を愛しているからこそ、お互いを尊重しながら音楽の街を作り出しているのだと思いました。

おすすめの人気撮影スポット

街中はどこもフォトジェニックですが、人気がある写真スポットは**グアナファト大学**の階段を上ったところ。振り返ると、間近にカラフルな街並みが見渡せ、真正面にはピピラの丘とピピラ像が見えます。せっかくなので、同じゲストハウスに泊まった旅人たちと一緒に記念撮影しました！

グアナファト大学
(Edificio Central de la Universidad de Guanajuato)

🏠 C. Pedro Lascurain de Retana 16B, Calzada de Guadalupe, 36000 Guanajuato, Gto., Mexico
📞 +52 473 732 0006

hot

beautiful

フアレス劇場（Teatro Juárez）

🏠 De Sopena 10, Centro, 36000 Guanajuato, Gto., Mexico
📞 +52 473 732 2521
営 9：00〜18：00
休 月曜

街中カラフルで美しい！

国内で最も美しい劇場を見学

フアレス劇場は、メキシコ国内で最も美しいといわれる劇場の一つ。建築家ホセ・ノリエガが設計し、1873年から1903年にかけて建設されました。1972年からは音楽、オペラ、ダンス、演劇などによってプログラムされるメキシコ最高峰の芸術祭「セルバンティーノ国際芸術祭」の会場となっています。開館日には内部の見学も可能。

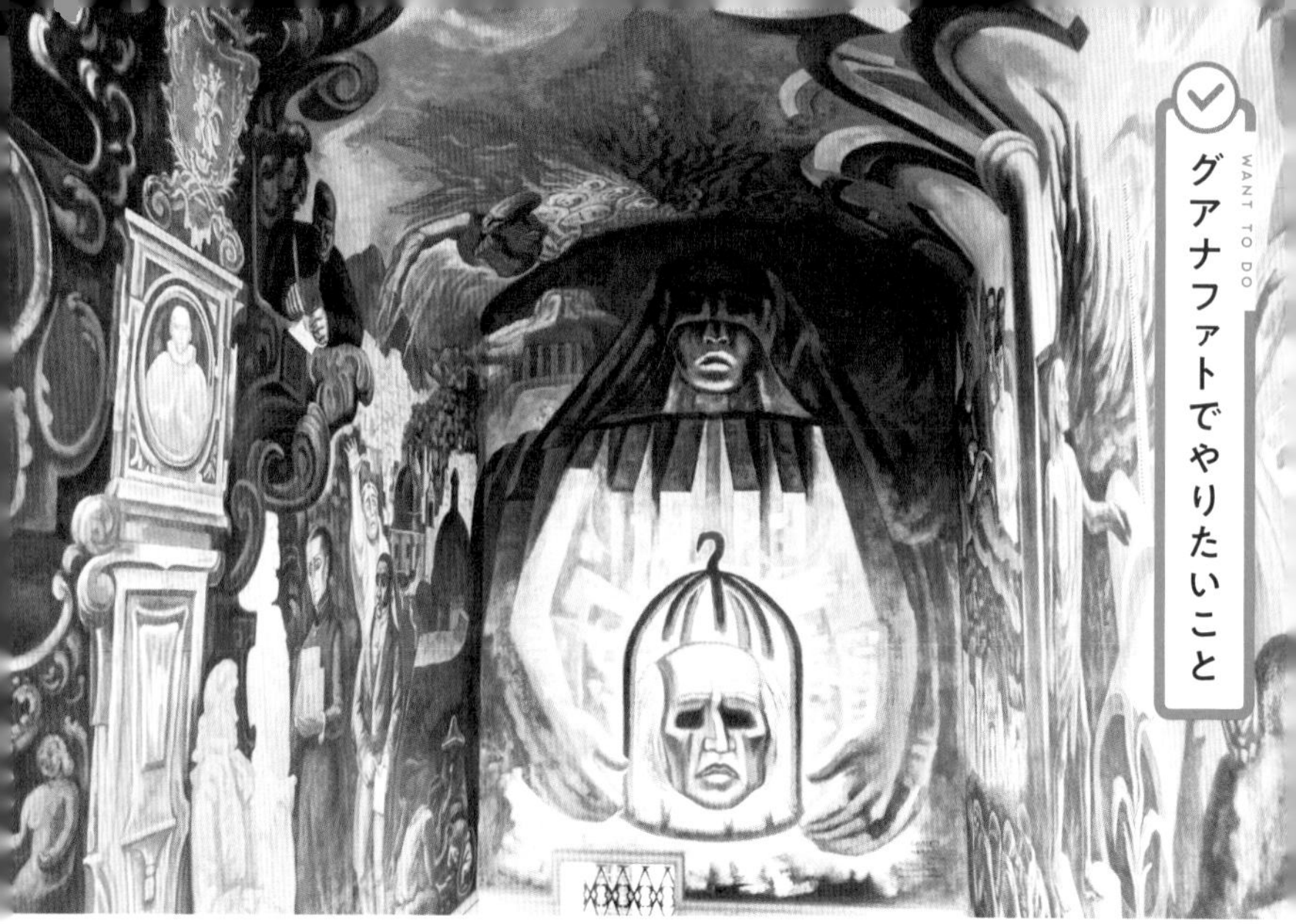

WANT TO DO

グアナファトでやりたいこと

メキシコ独立革命始まりの舞台で、圧巻の壁画を見る！

1810年にメキシコ独立革命始まりの一戦が繰り広げられたのは、アロンディガ・デ・グラナディータスという穀物倉庫。きっかけは郊外のドローレス村で、神父ミゲル・イダルゴが群衆を前に植民地政府を批判し、先住民や農民、坑夫たちを率いて武装蜂起したこと。グアナファト市内へと向かったのです。対して、植民地政府軍は倉庫に立て籠りました。このとき、ピピラの愛称を持つ坑夫が命懸けで扉に火を放ったことが突破口となり、蜂起軍が勝利したと伝わっています。この一戦はメキシコを独立へと導く大きな原動力となりました。

戦いの舞台となった倉庫は現在**グアナファト州立博物館**となっており、スペインによる征服、蜂起軍の戦い、植民地崩壊の歴史が迫力ある壁画で見られます。生首が鳥籠に入れられた絵が表すのは、結局処刑されてしまった神父イダルゴ。酷い戦いの一部始終が目に飛び込んできます。机上の勉強だとなかなか頭に入らないのに、一目で歴史が伝わる壁画の凄さたるや。美しい街に眠る先人の思いが伝わってくるようでした。ちなみにメキシコは1821年9月27日に独立を遂げました。

メキシコ独立の歴史がわかる！

モラード渾身の壁画に学ぶ

博物館の中庭から２階へ続く階段の壁に、グアナファト出身のアーティスト、ホセ・チャベス・モラードが1955年から1966年にかけて描いた壁画があります。犠牲者を抱えている白髪の男性は、メキシコ独立戦争の父であるミゲル・イダルゴ神父。館内で写真や動画を撮影する場合は、見学料に加えて使用料がかかります（スマホ撮影は無料）。

Cool

英雄ピピラを仰ぎ見る

ピピラの丘に立つ英雄ピピラの像。街中からも見えるほど巨大です。ただ、実はピピラという人物は存在せず、そうした英雄像を作り上げることで、メキシコの結束を強めるような意味があったとする説も。とはいえ、メキシコの独立に深く関わった先住民や坑夫たちの一人ひとりがメキシコの英雄であることには変わりありません。

グアナファト州立博物館
（Alhóndiga de Granaditas Regional Museum）

🏠 C. Mendizábal 6, Centro, 36000 Guanajuato, Gto., Mexico
📞 +52 473 732 1112
営 10：00〜18：00
（日曜のみ10：00〜15：00）
休 月曜

COLUMN

旅先で使えるアプリ

年々機能が進化している、旅先で使うと便利なアプリをご紹介します。事前にダウンロードしておきましょう!

MAP

Google Maps

重要度 ★★★

国内外、お出かけの際に手放せない絶対的王者がGoogleマップ！ 現地や指定した場所から目的地までの経路と移動手段がかなり正確に表示されます。また、行きたい店や観光施設などの営業時間、混在状況、チケットのオンライン購入先のリンク、口コミなども簡単に確認できます。さらに、気になる店などの検索も便利。たとえば、「グアム」など行きたい場所を検索して、「レストラン タコス」と情報を検索すると、グアム内でタコスをメニューに出すレストランがマップ上に表示されます。

MAPS.ME

重要度 ★★★

旅先エリアの地図を事前にダウンロードすれば、Wi-Fi環境のないオフラインでもGoogle Mapsのような機能が使える優れもの。

通貨コンバーター

Currency

重要度 ★★★

世界160以上の通貨と国の為替レートがでる通貨コンバーター。買い物に必須のアプリ。

タクシー・配車

Uber

重要度 ★★☆

Google Mapsと連動して、現地まで迎えに来てくれる自動車配車サイト。アプリ経由のカード引き落としなので安心。

Grab

重要度 ★★☆

東南アジアでは8か国、500都市、130の空港で展開しているGrabが便利！

国内で海外を感じる

番外編 週末国境

古来、大陸や朝鮮半島、南洋諸島などの国々
と深い繋がりのある、日本の国境に位置する
有人離島へ、週末国境旅がいかが？

3 DAYS

ISLAND / PREFECTURE

礼文島

RBN

+1 DAY

利尻島／北海道

夏は花園、冬は白銀に染まる日本最北の島

Rebunto Is.

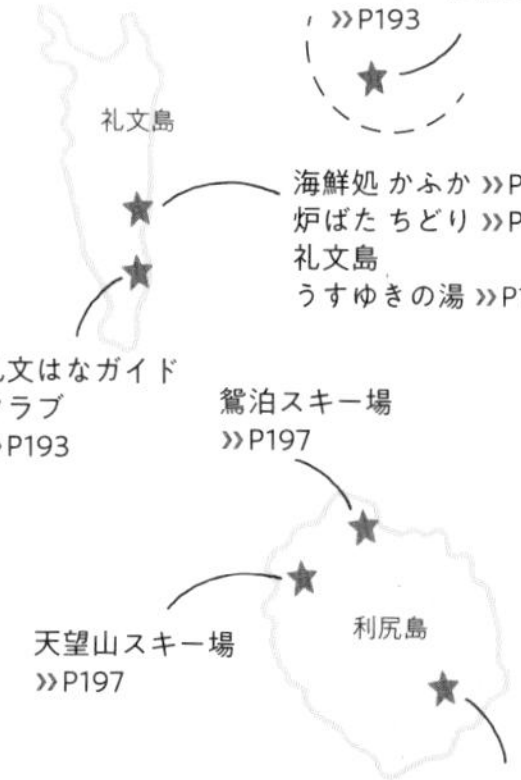

DATA

稚内からフェリーで約２時間

自然豊かな国境の旅

稚内市西方約60kmに浮かぶ礼《れ》文《ぶん》島《とう》は日本最北の有人離島で、北海道は稚内から船でしか行けません。天気の良い日に、島北端のスコトン岬や標高490mの礼文岳などからはロシアのサハリン（樺太）が見え、日本北方の最果てに来たのだと感じます。はるか昔は、縄文人やサハリンからやってきた海洋漁猟民族、アイヌの人たちなどが暮らしてきた島です。礼文島の名前も、

アイヌ語の「レプンシリ（沖の島）」が語源になっています。

4～9月頃にかけて島一帯に高山植物の花が咲くため〝花の浮島〟とも呼ばれ、その時期は花巡りをするトレッキングが人気。高山植物は、かつて礼文島が大陸の一部だった頃に北方からやってきて、その後離島となって独自に進化を遂げたようです。トレッキングの後は温泉に浸かって汗を流し、礼文島発祥といわれるウニ丼やホッケを食べて、ビールで乾杯しましょう！

WANT TO DO

礼文島でやりたいこと

花ガイドと一緒に花の浮島をトレッキング！

〝花の浮島〟と聞いて、花々が絨毯のごとく島全面に広がるのかというと、そうではありません。至るところで花は見られるのですが、「小さくて可憐な花々が健気に咲いている」という印象です。時期によって咲く花は変わっていきますが、レブンアツモリソウやレブンウスユキソウなどの固有種や高山植物を含めて、年間で約３００種類の花々が見られます。

島内には「岬めぐりコース」や「桃岩展望台コース」など、花の群生地や景勝地を巡る7つのトレッキングコースが整備されています。個人で歩いてもよし、ガイドさんと歩くツアーに参加するもよし。私が参加した〝礼文はなガイドクラブ〟では、花の種類だけでなく「風に強く断崖に咲く花、風が嫌いな花などがあって、花を見るとそこの地形や風の強さがわかるんです」と、花と地形の関係についても教えてくれました。

島内には縄文時代などの遺跡が55ヶ所発見されており、出土品のうち１６１６点が国の指定重要文化財に。礼文町郷土資料館では出土品の展示や島の歴史を紹介しています。古代人も、島に咲く花々を見ていたのではと、ロマンを感じますね。

可憐な花々の楽園

ぷっくり可愛らしいレブンアツモリソウは、島内の群生地で５月下旬～６月中旬に咲きますが、高山植物園では人工培養によって開花時期を調整し、８月中旬頃まで見られることも。礼文町の「礼文島リボンプロジェクト」では島の花々のバッジを販売。収益金を高山植物の保護や増殖などに充てています。

礼文はなガイドクラブ

- 礼文島香深フェリーターミナル1F「はなガイドクラブツアーデスク」
- 0163-89-6330（冬期は0137-27-4545）
- 営【夏期】8：00～18：00
  【冬期】9：00～18：00
- 休 夏期無休／冬期不定休

Relax

新造船も就航のハートランドフェリー

稚内港から礼文島（香《か》深港《ふかこう》）までハートランドフェリーで１時間55分。新造船「アマポーラ宗谷」は船内がとってもおしゃれ！　特別室は北欧風のインテリアに囲まれ、ゆったりと過ごせます。利尻富士や礼文島の島影を眺められるアイランドビューシート、ポケモンのキャラクターとコラボしたベビールームやキッズルームも。

ハートランドフェリー稚内支店

- 北海道稚内市開運２丁目7-1
- 0162-23-3780
- 営 9：00～17：30
- 休 なし

ウニ丼発祥といわれる礼文島で、最高級エゾバフンウニを味わい尽くす！

礼文島は暖流と寒流がぶつかるミネラルたっぷりの海に囲まれています。そこで育った利尻昆布（礼文島や利尻島、宗谷周辺に生息する昆布の総称）は、料亭などで使われている高級品として有名です。その中で最高級といわれる「礼文島香深産の利尻昆布」を食べて育ったのが、キタムラサキウニとエゾバフンウニ！

島の人たちのおすすめは、希少なエゾバフンウニ。ウニ丼で1杯6500円ほどしますが、「島に来たら絶対にエゾバフンウニ！　ほかと全然違うよ！」と自信満々の絶品グルメなのです。特徴は、ほかのウニよりも赤みが強く、質量感があって、ふわりととろける舌触り。素材の甘みと海のしょっぱさのバランスもバッチリ。高級ですが、ウニ丼発祥といわれている日本最北の礼文島まで来たら、食べないわけにはいきません！　そもそもエゾバフンウニ漁ができるのは限られた期間だけ。初夏に漁が解禁となり、8月頃まで行われます。その時期は、花も島内に咲き誇る季節。観光シーンが一斉に盛り上がります。利尻島でもエゾバフンウニとキタムラサキウニが食べられます！

海鮮処 かふか

🏠 北海道礼文郡礼文町香深村トンナイ
📞 0163-86-1228
営 【夏期】11：00〜14：00、17：00〜21：00【冬期】17：00〜21：00
休 【夏期】火曜
【冬期】日曜、祝祭日、年末年始

最北の島の最高海鮮グルメ

おすすめの飲食店は、ウニ丼発祥のお店といわれる**炉ばた ちどり**と、新鮮な魚介類が食べられる漁協直営の**海鮮処かふか**。ちどりの「ホッケのちゃんちゃん焼き」は、連日お昼に食べに行きました。脂の乗ったホッケに炭火の熱が通り、食べ頃になると皮から身が離れるので、味噌をつけながらいただきます！

炉ばた ちどり

🏠 北海道礼文郡礼文町香深村字入舟1115-3
📞 0163-86-2130
営 11：00〜20：00
休 不定休

源泉掛け流しの天然温泉

礼文島温泉うすゆきの湯は、源泉掛け流しの天然温泉。ナトリウム-塩化物-硫酸塩泉で体の芯まで温まり、肌もツルツルに！　露天風呂やサウナ室、貸し切りの家族風呂も。内風呂や露天からは、利尻富士が見えます。温泉も飲食店も香深港から歩ける場所にあるので、車を借りないなら宿を港の近くにすると便利。

礼文島うすゆきの湯

🏠 北海道礼文郡礼文町香深村ベツシュ
📞 0163-86-2345
営 【4〜9月】12：00〜21：00
【10〜3月】13：00〜21：00
休 なし

WANT TO DO

利尻島でやりたいとこ

+1 DAY

雪化粧した利尻富士と、白銀の世界で遊びたい！

礼文島にいるときによく見えるのが、綺麗な三角形の利尻山。利尻島の真ん中にそびえる標高1721mの山で、〝利尻富士〟の愛称で親しまれています。寛永21年の蝦夷地図に、利尻島はアイヌ語で高い（山の）島を意味する「リイシリ」と表記されています。先住民アイヌの信仰対象でもあったそうです。

利尻島でも特産品のエゾバフンウニやキタムラサキウニは人気があり、毎年夏に「北海島まつり」や「うにうにフェスティバル」が開催されます。一方、冬期は観光客がほぼ来ず、多くのホテルも休業になります。でも、真冬にこそ来て、一面に雪化粧した島影を眺めるのも最北の島ならではの光景。特に白銀に染まる利尻富士は神秘的で、幻想的。実は北海道銘菓「白い恋人」のパッケージにある白い山は、冬の利尻富士なのです。

北海道の中でも極上のパウダースノーが見られるという最北の島々で、スキーやスノーボードなどをするなら利尻島がおすすめ。島内にはスキー場が3ヶ所あり、まだまだ穴場で混雑していません。山に登り、滑り降りるときの景色は、海へ向かっていくような感覚になります。

利尻富士を目前に
バックカントリースキー

私は地元の人に連れて行ってもらって、利尻富士の麓にあるポン山でバックカントリースキーをしました。スキー場とは違って圧雪されていない道なき道を進むのが最高に気持ちいい！　利尻島にヒグマはいませんが、１人で行くのは危険が伴うので、できればガイドさんと行くツアーに申し込むと安心です。

excite

天望山スキー場

🏠 北海道利尻郡利尻町沓形種富町
📞 期間中／0163-84-3220
期間外／0163-84-2445
営 10：00～16：00(月～金)、9：00～16：00(土、日、祝日)、18：30～21：00(平日、土、祝日)
期間／12～３月(積雪状況により変動あり)

鴛泊スキー場

🏠 北海道利尻郡利尻富士町鴛泊栄町227番地
📞 0163-82-1370
営 18：30～20：30(火～木)、13：00～16：00、18：30～20：30(土)、10：00～16：00(日、祝)
期間／1～３月(積雪状況により変動あり)

鬼脇スキー場

🏠 北海道利尻郡利尻富士町鬼脇字鬼脇
📞 0163-83-1321
営 18：30～20：30(火、水、金)、13：00～16：00(土)、10：00～16：00(日、祝)
期間／1～３月(積雪状況により変動あり)

利尻昆布は両島イチオシのお土産

利尻島と礼文島にはそれぞれ特産品がありますが、どちらも利尻昆布はおすすめ。陸揚げされてから半年ほどかけて商品化されるようです。ほかのイチオシはウニの缶詰。両島で販売しています。利尻島までは、ハートランドフェリーの船で稚内港から１時間40分、礼文島からは45分。札幌から空路も。

6 DAYS

ISLAND / PREFECTURE

父島&母島（小笠原諸島）／東京都

CC・HH

1日かけて船で行く東洋のガラパゴス、世界自然遺産の島

Chichijima Is. &
Hahajima Is.

DATA

東京竹芝から船で24時間

船に乗って24時間、都心から南へ約1000㎞の小笠原諸島・父島に到着。

4800万年前に海底火山が噴火して形成され、これまで陸と一度も繋がったことのない海洋島です。波、風、鳥によって運ばれてきた植物や生き物が、長い歳月をかけて独自の生態系を作り上げ、命を繋いできました。在来種における固有種は植物で36%、昆虫類で28%、陸産貝類で94%

小笠原のパッションフルーツソフト！

※都内と父島を結ぶ小笠原海運の船は、おがさわら丸の一隻だけ。一度都内を出港すると戻ってこられるのは最短で6日目。往復に2日かかるので、実質3泊4日の滞在です。

です。
　父島からさらに南へ50㎞ほど行くと、いっそうのどかな母島があります。レモンやパッションフルーツなど、農業が盛んな島です。
　父島と母島に初めて入植したのは欧米・ハワイ系の人たち。明治9年に日本政府が欧米各国に小笠原諸島を日本領だと通告し、日本人による開拓も始まりました。
　海外よりも遠いと感じる亜熱帯の〝東京の島〟は「東洋のガラパゴス」と称され、小笠原諸島は平成23年に世界自然遺産に登録されました。

父島でやりたいこと

WANT TO DO

ドルフィン&ホエールウォッチングをして、南島に上陸する!

毎年冬の間、クジラが繁殖と子育てのため小笠原諸島にやってきます。船上や陸地からもクジラを目視できるほど。実は、日本で初めてホエールウォッチングを始めたのは小笠原で、1989年に小笠原ホエールウォッチング協会が発足しました。

父島には海や森で遊び、学べるツアーを提供している会社がいくつかあり、私は竹ネイチャーアカデミーの「ドルフィン&ホエールウォッチングと南島へ上陸」をセットにしたツアーへ参加。

まずは、通年上陸できる南島へ。父島の南西に浮かぶ隆起石灰岩から成る無人島で、ラピエと呼ばれる鋭く尖った石灰岩が見られるのが特徴です。海鳥が繁殖や子育てをする島でもあり、間近でヒナや親鳥を見ることも。南島の扇池前には眩しいほどの白砂が広がり、陸産貝類の化石が多数散在しています。

南島を離れて間もなく、船の近くでクジラが大きな尾を水面から出して潜りました。さらにイルカの群れやアオウミガメにも遭遇! 美しい海に繰り出し、生命の進化や命の連鎖を目の当たりにしました。

島ごと天然記念物の南島

南島は島ごと国指定されている天然記念物。2001年より小笠原村や東京都による利用のルールが実施され、「東京都自然ガイドが同行すること」「利用経路を歩く」などの決まりが定められています。南島には、少しでも波が立つと上陸できません！

fun!

Cool

現地ツアーに参加して海に繰り出す!

小笠原近海に来るクジラ類は20種類以上だとか。さらに通年でミナミハンドウイルカやハシナガイルカなどが見られます。ツアーではイルカやクジラ情報を無線で他船と共有しており、冬の時期はクジラとほぼ確実に遭遇できるそう！　ガイドさんが「ざっと200頭ほど」と言うイルカの群れと船が一緒に並走も。まさに海の楽園！

竹ネイチャーアカデミー

住 東京都小笠原村父島字東町
電 04998-2-3305
営 7：30〜19：00
休 なし

森の中を歩いて、小笠原の固有種、戦跡、コーヒーに触れる！

海の次は、森のツアーへ！　様々なコースがありますが、ガイドさんと相談しながら興味がある場所へ案内してもらいます。まずは見晴らしのよい展望所で島全体を眺め、コペペ海岸や小港海岸へ移動して植物を見てから森の中へ。同じ植物が海岸と森の中でどう進化を遂げたのかを見ることができます。タコノキなどの固有種や外来種の種類、性格、役割などを教えてもらい、好奇心が尽きません。

一方で、森の中は戦跡が多く驚きます。父島は戦前まで約7000人が暮らしていましたが、戦時中に太平洋の防衛基地となり、多くの軍人が島に駐留し、6886人の島民が島外へ強制疎開させられた歴史があります。

竹ネイチャーアカデミーにお願いすれば、ツアー中にコーヒー農園を見学することもできます。日本で初めて、明治期にコーヒー栽培が行われていた小笠原。一時は6万本のコーヒーの木がある一大産業でしたが、戦後に本土返還されたときには衰退。とはいえ、今でも父島・母島では、個人や会社が小規模でコーヒー農園を経営しています。

森の中にはひっそりと多くの戦跡が眠る

海のツアー中に船上から岬の山中を見ると、トーチカ跡（見晴らしの良い所などに設け、敵の動静を見張る所）がいくつも確認できました。それほどまでに戦時中は島全体が要塞化していたようです。森の中には、未発見の戦跡も含めてかなりの数あるそうですが、記録がないため正確にはわかっていません。

途中休憩で
ほっと一息

小笠原で飲める希少な小笠原コーヒー

ガイドさんに言って、森歩きの途中で**USK Coffee**で休憩するのもおすすめ。その農園で作ったコーヒーをいただけます。また、父島の港近くにある**ハートロックカフェ**でも小笠原コーヒーが飲めます。島内唯一のサメバーガーと一緒にお試しあれ。ちなみに、島内でのコーヒー豆の生産量は少なく、豆の購入は至難！

USKCoffee
- 東京都小笠原村父島字北袋沢
- 04998-2-2338
- 営 10：00〜17：00
- 休 不定休

ハートロックカフェ
- 東京都小笠原村父島字東町
- 04998-2-3305
- 営 9：00〜18：00

父島から船で2時間、世界自然遺産の母島へ上陸したい！

父島から船で2時間、南へ50㎞ほど行くと母島に到着。集落は沖港周辺に固まっていて、人口は４５０人ほど。一般都道２４１号が島を南北に通り、南側の終点が都道最南端です。母島に最初に入植したのは、天保6年に父島から移住したヨアキム・ゴンザレスら７人。日本が小笠原の領有を諸外国に通告すると、明治12年に折田家一族が母島の開拓を始めました。

母島は農業が盛んで、サトウキビ栽培やカボチャ、ナスなどの野菜栽培をしていました。しかし戦後に米軍統治下に置かれ、昭和43年に本土返還されてから数年後、母島に帰島すると、農地はジャングルに戻っていたそう。根気強く開墾を再開して、ようやく島レモンが特産物になったとか。近年はカカオ栽培もしていて、母島産カカオを使ったチョコレートが「TOKYO CACAO」として販売されています。

母島では、父島で見られる乾性低木林に加え、湿性高木林の森が見られます。ハハジマメグロやハハジマノボタンなどの希少種や固有種も。島内の自然や文化に詳しいガイドツアーへの参加がおすすめです！

※父島からデイトリップする場合は、母島に約４時間ほどしか滞在できません。おがさわら丸の出港日は約２時間の滞在になります。

人が入植してからの歴史を知る

折田家一族が母島の開拓を始めた頃、すでに入植していたドイツの捕鯨船員、フレデリック・ロスフス（通称ロース）たちとの交流があったそうです。ロースは、母島特産の加工しやすい石（後のロース石）を発見するなど母島開拓に貢献。沖集落には、シュロ葉葺屋根でロース石造りの砂糖倉庫跡を利用した郷土資料館のロース記念館があります。

pick up

とってもビターで
体によさそう！

ロース記念館

東京都小笠原村母島字元地
8:30-16:00
04998-3-2064
不定休

パーソナルツアー PoCo

東京都小笠原村母島字元地 YKびれっじ101
04998-3-2525／080-3704-0322
8：00〜20：00
なし

ガイドツアーで効率よく島内を巡る

戦前までは島北端に北村という集落もあり、今は1887年に開校した北村小学校の階段跡や桟橋の跡だけが残ります。ちなみに、母島で私が参加したツアーは、**パーソナルツアーPoCo《ぽこ》**。ガイドさんがとても気さくで、臨機応変に対応してくれます！　お願いすれば、カカオ農園の見学も可。ツアーのほか、カカオニブやレモンジャム作り体験も可能です。

2 | DAYS

ISLAND / PREFECTURE

対馬島

TSM

+1 DAY

壱岐島／長崎県

古来、日本と朝鮮の外交役を果たしてきたTHE国境の島

Tsushima Is.

DATA

博多港から約２時間～（船）、福岡空港から約35分（フライト）

九州本土から約１３８㎞、韓国の釜山から49・５㎞、本土と大陸の国境に位置する対《つし》馬《ま》。古来、日本の要衝とされ、遣隋使や遣唐使、元寇の襲来、豊臣秀吉の朝鮮出兵、朝鮮通信使、日露戦争など、日本の最前線に立って防衛や外交を担ってきました。特に、お隣の朝鮮（韓国）とは密接な歴史を重ね、度重なる動乱の時

いらっしゃい！

代も本土と朝鮮の〝架け橋〟として重要な役割を果たしてきたのです。

3世紀の『魏志』倭人伝にも倭国（日本）の〝クニ〟として記され、古事記の「国生み神話」では最初に創造される〝日本の国土〟の一つとして登場しています。

気象条件が整えば、上対馬町の**韓国展望所**や**異国の見える丘展望台**からは釜山の街並みが見えます。比《ひ》田《た》勝《かつ》には国際フェリーターミナルがあり、釜山から船が就航。ハングル表記や韓国料理屋さんもあって、異国との交差点である国境の街らしさを感じます。

国境の島の歴史や雰囲気を感じるスポットを巡る

日本の歴史の教科書にある「防人《さきもり》」という言葉。まさしく対馬には、国内各地から防人が集められ、国の防衛にあたりました。その地で生涯を終えた防人も多く、故郷を思って詠んだ和歌は万葉集にも見られます。普段は、〝国境の地で生きる〟人たちがいることをあまり意識しませんが、対馬ではそれが島の歴史であり、今でも国境感が漂います。

特筆すべきは、対馬藩の初代藩主である宗義智《そうよしとし》の時代。豊臣秀吉は、朝鮮出兵を決行すると義智に全軍の先遣隊を命じました。朝鮮と友好関係を築き、朝鮮貿易を生命線としていた対馬にとっては苦渋の出陣。朝鮮出兵が秀吉の死によって収束すると、徳川幕府は一転して朝鮮との和平回復を義智に命じます。

日本を不倶戴天《ふぐたいてん》の仇とする朝鮮に、義智は有能な使者を次々と送り、遂には大罪を承知で徳川家康と朝鮮国王の往復書簡(国書)を改ざんし、国交回復にあたりました。その努力が実り、1607年に朝鮮は外交使節団を日本に派遣し、以後、200年の間に12回、朝鮮通信使が日本を訪れることになります。歴史の教科書の裏側を解き明かす旅、興味が尽きません。

古来大陸・朝鮮と交易をしてきた島

対馬は九州本土から約138㎞、韓国の釜山から49.5㎞に位置します。対馬の最北端の**韓国展望所**からは気象条件が整えば、水平線上に釜山の街並みが見えます。私は夜に釜山の夜景がチラチラと輝くのが見えました。展望所目前の海《う》栗島《にしま》は、国境最前線の航空自衛隊基地。ちなみに、鎖国中、釜山には在外公館「倭館」があり、約500人の対馬藩の人たちが住んでいました。

韓国展望所

- 長崎県対馬市上対馬町鰐浦998
- 0920-86-3111
- 営 24時間
  ※2024年春頃まで工事のため立ち入り禁止

宗義智の像！

島内各所に国境ならではの物が

名物「とんちゃん」は、戦後に在日韓国人が伝えた焼肉料理を地元の精肉店が独自に開発した料理で、上対馬のソウルフード。また、厳原町《いづはらまち》の**対馬朝鮮通信使歴史館**では朝鮮と対馬間の歴史がわかりやすく解説されています。宗家10万石の菩提寺の**万松院**《ばんしょういん》には、朝鮮王朝から贈られた三具足が置かれています。

対馬朝鮮通信使歴史館

- 長崎県対馬市厳原町国分1430番地
- 0920-52-0101
- 営 9：30～17：00
- 休 木曜

万松院

- 長崎県対馬市厳原町西里192
- 0920-52-0984
- 営【4～10月】8：00～18：00
  【11～3月】8：00～17：00
- 休 不定休

WANT TO EAT

対馬島で食べたいもの

日本有数の水揚げ量を誇るアナゴをとことん食べる！

対馬は古くから漁業が盛んで、以前瀬戸内海のとある島の漁師さんに「昔の漁師は漁業を習いに対馬に行っていた」と聞いたことがあります。対馬の漁業で、20年ほど前から日本有数の水揚げ量を誇るのがマアナゴ。対馬では30年以上前からアナゴ漁が始まったそうです。メインの漁場はまさに対馬西沖の国境付近。アナゴの餌となる脂が乗った小魚などが豊富な海域で、身がふっくらとして品質が良いアナゴが獲れます。「対馬のアナゴはお腹が金色に輝き、輝けば輝くほど脂ノリがよく美味しい」といわれているそうです。アナゴ漁は伝統的なカゴ漁が主流。小さいアナゴはカゴの水抜き穴から逃げられるので、種の保存にもつながり、乱獲することもありません。

アナゴを提供する飲食店や宿泊施設なども多く、滞在中に一度は食べておきたい。お重やお寿司、天ぷらは定番ですが、新鮮なのでお刺身でも食べられるのには驚きました。肉厚でコリコリとして、少し甘くて美味しい。対馬の地酒が進みます！厳原の**ふれあい処つしま**では、冷凍されたアナゴを購入し、自宅等へ配送することもできます。

アナゴのお刺身が絶品

上対馬町で穴子料理が食べられる人気店なら、**ももたろう**と**みなと寿し**。新鮮な穴子が、お重、お寿司、お刺身などでいただけます（お刺身は入荷状況や時期による）。空港近くの**肴やえん**では、タレがたっぷりのアナゴ重が食べられます。店には地元の人たちも多く来るので、対馬の人たちと交流するのも楽しい！

ももたろう

長崎県対馬市上対馬町古里1-2
0920-86-3907
営 11：00～14：00
17：00～21：00
休 不定休

みなと寿し

長崎県対馬市上対馬町比田勝843-12
0920-86-3710
営 11：30～14：00、18：00～22：00
休 不定休

肴や えん

長崎県対馬市美津島町鶏知　乙332－1
0920-54-5081
営 11：00～14：00、17：00～21：30
休 月曜

郷土料理「ろくべえ」でほっこり

古くからの郷土料理といえば、さつまいもの澱粉でつくった麺料理「ろくべえ」。山がちな対馬では、昔から飢餓や食糧難に備えてさつまいも栽培を盛んに行ってきました。麺はお蕎麦のように見えますが、ツルツルとして、食感はぷるぷる。椎茸の出汁が効いたスープも美味しいです。対馬は原木椎茸の栽培も盛んで、肉厚で味が濃いです。

WANT TO GO

壱岐島で行きたいとこ

+1 DAY

対馬のお隣、古代の「海の王都」〝壱岐島〟でロマンを感じる

対馬と九州本土の中間に位置する壱岐島《いきのしま》は、対馬から高速ジェット船で約１時間。山がちの対馬に比べて丘陵地が連なり、東南部には県内で２番目に広い深江《ふかえ》田原《たばる》という平野が広がります。壱岐島は、弥生時代は国際的な海の王都でした。大陸から最先端の文物や技術が入り、国内外の交易拠点として隆盛を極めていたようです。『魏志』倭人伝には〝一大国〟と書かれ、王都の暮らしぶりについて記されています。

当然ながら発掘調査も盛んで、弥生時代の日本三大遺跡の一つ**原《はる》の辻遺跡**では渡来人が暮らした形跡や大陸との関連を裏付ける資料が多く発見されています。近くに、建築家の黒川紀章《きしょう》氏が設計した**一支《いき》国《こく》博物館**があり、島の歴史が非常にわかりやすく紹介されています。実際、島内の約８割は未発掘だそうで、どんな古代の歴史が秘められているのかロマンを感じます。

一方、壱岐島は「神々が宿る島」ともいわれており、小さい祠《ほこら》も入れると１０００以上の神社があり、神々は２３０柱ほどいらっしゃるとか。御朱印巡りも人気で、壱岐島オリジナルの御朱印帳もあります。

beautiful

干潮時に出現する参道を歩いて参拝

古代より大陸の船が往来する玄関口の内《うち》海《め》湾《わん》に、約400年前に創建された小島神社があります。干潮時になると小島に通じる参道ができ、古くから神聖地とされてきました。宮司さんと一緒に参拝するプログラムもあり（壱岐市観光連盟に要問合せ）、小島神社にて祈祷を賜ることもできます。

原の辻遺跡（原の辻一支国王都復元公園）

- 長崎県壱岐市芦辺町深江鶴亀触1092-1
- 0920-45-2065
- 営 24時間
- 休 なし

暮らしの歴史を学ぶ！

yummy!

美しい海の色に心躍る辰ノ島クルージング

近年、島最北端に浮かぶ無人島、**辰ノ島**を遊覧クルージングするのも人気。勝本港を出港し、エメラルド色の海や奇岩、断崖などを見たり、辰ノ島に上陸したり、めいっぱい美しい景観の中で遊べます。また、勝本で美味しいウニ丼を食べたいなら**海神**《わたつみ》がおすすめ。ウニは壱岐島の海女さんが獲っています！

お食事処 海神

- 長崎県壱岐市勝本町勝本浦201
- 0920-42-2345
- 営 11：00〜15：30
- 休 不定休

壱岐市立一支国博物館

- 長崎県壱岐市芦辺町深江鶴亀触515-1
- 0920-45-2731
- 営 8：45〜17：30
- 休 月曜（GWおよび夏季期間は無休）

3 DAYS

ISLAND / PREFECTURE

与那国島／沖縄県

YGN

台湾と深い繋がりを持つ、日本で最後に夕日が沈む島

Yonagunijima Is.

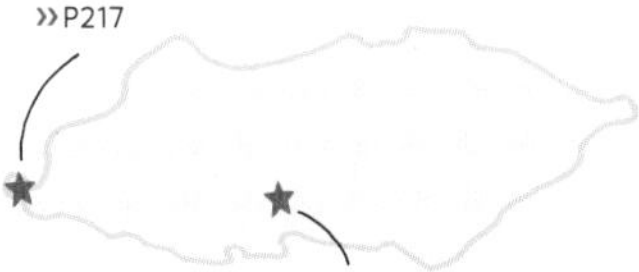

DATA

飛行機は那覇か石垣島から、フェリーは石垣島から４時間

のどかな南の島でゆっくりと

八重山諸島の与那国島《よなぐにじま》は、日本で最後に沈む夕日が見られる日本最西端の島。台湾の蘇澳《すおう》まで約１１１km、同じ八重山諸島の石垣島まで約１２７kmと、台湾の方が僅かに近い距離にあります。年に数度、天候などの条件が良い日には、台湾の島影を望めます。

与那国島と台湾は、日本の統治時代も含めて古くから交流がありました。ただ、その間を隔てる海は黒潮が通り、

船で渡ることは難しく、昔から与那国島は〝どぅなん（渡難）〟と呼ばれてきました。島は波や風に侵食された断崖絶壁の海岸が続き、多くの奇岩が点在します。その黒潮に乗って大型回遊魚がやってくるなかで、カジキマグロ漁は昔から盛んです。

動植物では固有種や希少種も多く、ヨナグニウマは昭和44年に町指定の天然記念物に。日本最大の蛾・ヨナグニサンや可憐な花のヨナクニイソノギクなども見られます。本土や沖縄本島から遠く離れた国境の島で、島国日本の奥深さを味わってみてはいかが。

WANT TO GO

与那国島で行きたいとこ

日本最西端に立って、台湾を望みたい！

島最西端の西崎《いりざき》に、日本最西端の碑と現役の灯台が立ちます。沖縄県では西を「いり」といい、日の入りを意味します。まさに、日本で最後の夕日が見られるスポット。日中は、運が良ければ水平線上に台湾の島影が見えます。一瞬雲のようにも見えますが、山々の稜線がはっきりとわかります。

かつて国境のない時代、船が自由に往来し、貿易が盛んでした。戦後に米軍の統治下に置かれると、与那国島は台湾と本土との間に国境が引かれ、孤立させられました。そして物資不足が続き、生きる手段として台湾との密貿易が行われるように。その拠点となったのが西崎の近くにある久部良《くぶら》という地区。危険を冒しながら夜間に船で台湾へ渡って物資を購入し、それを沖縄本島でさばき、米軍から横流しされた物資を台湾に売るというルートができていったそうです。それまでの台湾との交流があったからこそ、成し得たことだと考えられています。

島東端に位置する東崎《あがりざき》は、高さ約１００ｍの断崖絶壁が見られる岬。天気が良いと真正面に西表島《いりおもてじま》が見えます。岬周辺は放牧地で、ヨナグニウマと牛が放牧され、牧歌的な雰囲気です。

great

西崎（日本最西端の碑）

沖縄県八重山郡与那国町与那国139
0980-87-2402
24時間

日本で最も日が長い西崎

日本最西端の碑の立つ西崎から、久部良地区を見下ろせます。昔からカジキマグロ漁が盛んで、４～10月にかけて漁が行われ、年間1000本ものカジキが水揚げされます。与那国島では一角獣のような長い上顎骨が特徴のクロカジキが多く獲れるとか。毎年７月に「国際カジキ釣り大会」が開催され、スポーツフィッシングの聖地にもなっています。

cute

小柄で穏やかなヨナグニウマと出会う

体高120㎝程度と小柄で穏やかな性格のヨナグニウマは、昔から島の暮らしに欠かせないパートナーで、農耕や運搬などに重宝されてきたそうです。現在は島内に約100頭いて、保護活動も行われつつ、観光客へ乗馬体験などを提供しています。初夏から秋にかけて、海の浅瀬をじゃぶじゃぶと入って歩いてくれる乗馬コースが人気！

WANT TO EAT

与那国島で食べたいもの

『Dr.コトー診療所』の近くで、車えびそばを食べる！

与那国島は北部に祖納《そない》、西部に久部良、南部に比川《ひがわ》の3つの地区があります。祖納の方から比川に入ってすぐ、八重山そばの麺を使った与那国名物「車えびそば」を出す**食事処さとや**があります。車えびは比川で養殖された与那国産。

スープは薄い味噌仕立てで、車えびの出汁がしっかり効いているのが特徴。大ぶりの4尾がどんとのってインパクト大！　車えびの殻を剥きながら麺をすすり、なかなか食べ応えがありました（時期によって何尾のせかは変動あり）。島内は飲食店が多くないので、連日ランチに通ってもいいかもしれません。

お腹がいっぱいになったところで、海の方へ。食事処さとやの近くにある比川の海辺（比川浜）は、三日月形の天然の入江で美しい海が広がります。ここは以前放映された人気テレビドラマ『Dr.コトー診療所』のロケ地。与那国島は、架空の島〝志木那島〟の舞台となった島で、撮影に使われた志木那島診療所のセットがそのまま残っており、中を見学できるので島の観光名所になっています。ドラマで島の子どもたちが通う学校も、現役の与那国町立比川小学校です！

与那国そばを食べる

食事処さとやは、コラーゲンたっぷりの「てびちそば」や「手羽先そば」、定番の「八重山そば」などもおすすめ。不定休なので事前に電話して来店する方が無難です。また、与那国島は飲食店の数が少ないため、さとやに限らずすぐに満席になって、当日は来店をお断りされることも。前日までに予約していきましょう！

食事処さとや

沖縄県八重山郡与那国町与那国3093
090-5294-4445
営 11：00〜15：00
休 不定休

診療所に残る出演者のサインや絵

fun!

Dr.コトー診療所オープンセット

沖縄県八重山郡与那国町与那国3027-1
0980-87-2888
営 9：00〜18：00
休 なし

撮影時のセットがそのまま残る

平成15年と平成18年に放送されたテレビドラマ『Dr.コトー診療所』は、令和４年12月に映画『Dr.コトー診療所』になってリターン！　ストーリーも16年の時を経て、今も島で生きるDr.コト—こと五島健助の物語が展開されます。再び、美しい与那国島の景色を多くの人たちが観たはず。待合室や入院部屋などが撮影時のまま残っています。

COLUMN

旅に出る前の確認ごと

国が違えば、環境もルールも違います。さらに近年は、日本政府もネットサイトやアプリの利用を勧めています。無事に出国・帰国でき、快適な旅ができるように、旅前に必ずチェックしておきましょう!

ビザ発行が必要な国かどうか調べる

外国に行く際、必ずビザ発行やツーリストカード発行の有無など、入国条件を調べましょう。たとえば、中国は現在観光ビザが必須となりました。アメリカは有料電子ビザESTAの申請を。ただしグアムは「北マリアナ諸島連邦ビザ免除プログラム」を利用して入国する渡航者は、滞在日数が最大45日までであればESTAは不要。余裕を持って出国の1ヶ月前頃までには手続きの準備を!

現地の天候・気温をあらかじめチェック

天気は変わりやすいので、Weather Newsなどの天気アプリを入れておくと便利です。1時間ごとの気温や風速などもチェックできます。ただ天気とは関係なく、真夏でも飛行機の中や空港内、現地の屋内はエアコンを利かせすぎて、極寒ということも。羽織や上着は必ず持参しましょう。また、蚊が多い国は、ワンプッシュで虫除けできるスプレーなどを持っておくとデング熱などの感染予防にもなります。

安全情報の確認は〝たびレジ〟の登録を

外務省の海外安全情報配信サービスの〝たびレビ〟に登録しておくと、危険情報、スリの多い地区の情報、道路でのストライキ情報など、渡航先の安全情報が逐一登録したメールかＬＩＮＥに届きます。万が一事件に巻き込まれても、早急に支援してくれて心強い！　**海外安全アプリ**もダウンロードしておきましょう。

たびレジ
https://www.ezairyu.mofa.go.jp/index.html

外務省海外安全アプリ
https://www.anzen.mofa.go.jp/c_info/oshirase_kaian_app.html

海外タクシー事情の事前認識は必要

海外でタクシーに乗る場合、ＵｂｅｒやＧｒａｂなど事前に行き先を設定し、料金の見積もりを確認できる配車アプリの利用が便利ですが、必ず〝乗る前に〟ドライバーの評価を確認しましょう。また、公共のタクシーを捕まえるときも、必ず〝乗る前に〟行き先とメーターの使用を運転手に確認しましょう。少しでも不安があるなら、中高級ホテルやレストランでタクシーを呼んでもらいましょう。

帰国の際はVisit Japan Webに登録が楽ちん

デジタル庁の提供で、日本入国手続きの「検疫」「入国審査」「税関申告」「免税購入」をウェブ上で行えるサービス。事前に登録し、帰国情報を入力するとＱＲコードが発行され、帰国手続きが簡単に。アプリはありません。

Visit Japan Web
https://vjw-lp.digital.go.jp/ja/

おわりに

今、世界は再び動き始めています。

日本では、訪日外国人の数はすでにコロナ禍前を超えています。一方で日本人にとっては、海外へ行くぞ！と思った矢先の円安や燃油サーチャージの高騰などで、なかなか海外旅行は気が乗らないかもしれません。

実は２０１９年の後半に本書の制作が決まっていたのですが、その後にコロナ禍へ突入。もう、旅の本は出せないかもしれないと考えていました。

２０２３年になって、担当編集者から「制作を再開しましょう」と連絡いただいた時は、ようやく前に進める気がしたのです。

しかし、いざ制作に入ると、コロナ禍前までは「ちょっと猫カフェに台湾行ってくる！」と気軽に行けた旅が、「週末だけなんてもったいない！」といった状況になっていたのです。では、しばらく旅をしないのかというと、答えは「ＮＯ！」。

これまで旅した経験から、私が常々思っていることが３つあります。

１つは、「行ける時に行け」。戦争や自然災害などで、ある日突然街ごと、建物ごと地図から消えてしまうことは起こり得るのです。

2つ目は、「今のほうがまだ安い」。現在の円安は関係なく、年々世界の物価は上昇していると感じます。これ以上安くならないと考えて、旅の計画をしてもいいかもしれません。

3つ目は、「旅は人生を豊かにする」。本や映画以上に、実際の旅というのは驚きと感動に満ちています。若い時には若い時の感性がありますし、その時々でしか味わえない出会いがあると思うのです。もちろん、スケジュールは詰め込みすぎず、「やりたいこと」を絞って自由の幅を利かせることが大切です。

世界はますますデジタル化が進み、現地での時間を有意義に使えるようになっています。チケットを買ったり、人気店に並んだりする時間が不要になった分、余白の時間はさらに増えました。コミュニケーションも、言語の翻訳アプリで一発解消。現地で困ることもあまりないと思います。

まずは旅の一歩に、パスポートを作ったり、引っ張り出したりしてみませんか？　そして、自分らしい旅をぜひ楽しんでください！

どうぞ、よい旅を。

小林 希

STAFF

文・写真　小林 希
写真（著者が写っているもの）　現地の人　一緒に旅した友人
自撮り　満留基文（P216）
デザイン　吉村 亮　大橋千恵（Yoshi-des.）
イラスト　STOMACHACHE.
校正　聚珍社
編集　安田 遥（ワニブックス）

気軽に旅して
パワーチャージ
\もっと！/
週末海外

小林 希　著

2024年3月1日　初版発行

発行者　横内正昭
編集人　青柳有紀
発行所　株式会社ワニブックス
〒150-8482
東京都渋谷区恵比寿4-4-9　えびす大黑ビル
ワニブックスHP　http://www.wani.co.jp/
（お問い合わせはメールで受け付けております。HPより
「お問い合わせ」へお進みください）
※内容によりましてはお答えできない場合がございます。

印刷所　株式会社光邦
製本所　ナショナル製本

定価はカバーに表示してあります。

ISBN 978-4-8470-7410-3

※本書に掲載されている情報は2024年1月現在までのものです。店舗、レートなどの情報は変更となる場合がございます。事前に必ず公式サイトなどで確認してください。
※QRコードは（株）デンソーウェーブの登録商標です。